Doña Huevotes

Doña Huevotes

Aprende a liberarte de la carga de ser la que carga

Anamar Orihuela

Rocaeditorial

Primera edición: marzo de 2025
Primera edición en México: abril de 2023

© 2023, Anamar Orihuela
© 2023, derechos de edición mundiales en lengua castellana:
Penguin Random House Grupo Editorial, S. A. de C. V.
Miguel de Cervantes Saavedra 301, piso 1, col. Granada, del. Miguel Hidalgo, 11520, México, D.F.
© 2025, Roca Editorial de Libros, S. L. U.
Travessera de Gràcia, 47-49. 08021 Barcelona

Printed in Spain – Impreso en España

ISBN: 978-84-10096-79-0
Depósito legal: B-645-2025

Compuesto en Fotoletra, S. A.

Impreso en Liberdúplex
Sant Llorenç d'Hortons (Barcelona)

RE 9 6 7 9 0

Índice

UNO

¿Tú eres Doña Huevotes?

Los mandamientos

Los mandamientos de Doña Huevotes son:

- No pidas.
- No sientas.
- Controla.
- No confíes.
- Sé fuerte.
- No te equivoques.
- Ve rápido.
- Puedes con todo.
- Eres incansable.
- Nunca pares.
- Nadie puede entenderte.
- No pidas ayuda.
- Nadie reconoce tu esfuerzo.
- Tienes que ser chingona.
- La vida es una batalla.
- Vas sola.

- No necesitas a un hombre.

Si te identificas con estos mandatos quiero que sepas que todo esto es abuso de ti hacia ti. Hay una forma de salir de esto que parece ser chingón. Sanemos juntas en este viaje por las islas no exploradas de tu interior. Te invito a descubrir la manera más sabia de ser verdaderamente poderosa.

¡Vamos juntas a este viaje!

DOS

Introducción

Me siento muy conectada con todo lo que quiero decir en este nuevo libro, pues llevo tiempo trabajando con esta posición de vida. He tenido la oportunidad de acompañar a un grupo de mujeres Doña Huevotes —también llamadas Doña Huevos— y me sentí totalmente vulnerable y conectada con el proceso de todas las que han tenido que llevar la batuta de su familia. Son madres solteras que viven este proceso como una carga sin salida y también madres que llevan toda la carga de su hogar. Al darse el espacio descubrieron cosas sanadoras y soltaron cargas innecesarias.

Desde este lugar vulnerable y conectada con esta realidad, quiero compartirte algunos aspectos que necesitas mirar y sanar desde tu posición de fuerte. Quiero compartirte un camino real para soltar la carga y la autoexigencia. Estoy segura de que tienes en tus manos una herramienta poderosa que te dará luz y con cada capítulo te permitirá sanar un poco más.

Las Doña Huevotes tuvimos que ser fuertes. Sí, por nuestro temperamento, nuestros genes, nuestro karma, las circunstancias, como quieras llamarle, pero nos alcanzó para ser fuertes. Para muchas la historia comienza en la infancia y para otras con algunas circunstancias que las llevan a tomar las riendas de todo. Por ejemplo, cuando eres ama de casa y tu esposo se muere o te divorcias, o si tienes un hijo con alguna enfermedad y debes sacarlo adelante. Para muchas el reto no comenzó en su infancia, pero empezaremos este viaje profundizando en la historia de la niña que tuvo que ser fuerte.

Todo comienza siendo niña en un entorno poco seguro, inestable, en un lugar donde la realidad te amenaza, te duele, hay incertidumbre y sientes que estás sola ante eso que te rebasa. Son una serie de situaciones caóticas que vives en la infancia las que te llevan a desarrollar superpoderes y convertirte en la heroína de la vida de tu familia, de tu madre y de un entorno que necesita una figura protectora, la heroína de todos menos de tu propia vida.

En el escenario de tu vida suele haber una madre impotente y rebasada que te necesita, un padre ausente o disminuido con el que no cuentas, una serie de situaciones fuera de control, como alcoholismo, violencia, ausencia y caos, que son el llamado para dejar de ser niña y empezar a vivir una vida adulta, crecer rápido, asumir responsabilidades y estabilizar de alguna manera esta vida llena de miedo.

Es el comienzo de una vida llena de incertidumbre. En

mi caso, todo empezó cuando a mis cinco años sentí y vi a mi mamá llorando y fuera de control. Sola con seis hijos, sola lejos de su familia, sola y devastada económica y emocionalmente. Recuerdo muy bien uno de esos momentos, mi hermana y yo detrás de la puerta escuchando a mi mamá llorar y llorar con la puerta cerrada; ella y yo escuchando a lo único estable que teníamos, devastada, nos mirábamos en silencio, con rostro desencajado y con la silenciosa pregunta, ¿qué vamos a hacer? Yo era la tercera, hija sándwich, pero siempre actué como hija mayor. Desde muy chica fui cuidadora y protectora, amaba jugar a la maestra, siempre cuidé como mamá a una de mis hermanas mayor que yo, trabajé desde muy chica y apoyaba a mi mamá con despensa y comida. Soy muy cuidadora de las personas y sin duda creo que tiene que ver con la desprotección y el miedo que siempre sentí y con que jamás me sentí cuidada.

¿Qué opción tienes cuando eres una niña y sientes que el mundo se te viene encima? No existe ningún adulto que te haga sentir que no tienes nada de qué preocuparte porque todo está en control. Mi mamá estaba fuera de control, rebasada por un hombre que la enamoró, la alejó de su familia y la abandonó con seis hijos porque ya tenía otra mujer con la que también tuvo cinco hijos. El día que mi papá se fue ella estaba rota y yo lo sentía, lo leí como una niña intuitiva y con temperamento fuerte, no había forma de no enterarme, mi mamá me necesitaba y yo sentí que necesitaba ser fuerte y estabilizar todo esto que sentía frágil y fuera de control.

Los niños sienten todo lo que pasa en su familia, es ridículo pensar que los niños no se enteran porque no escuchan o no les dices las cosas. Cuando somos niños leemos el ambiente emocional de lo que sucede y tomamos decisiones al respecto. Yo tomé la decisión de cuidar, no necesitar y ser fuerte, salir adelante y no pedir. Eso me llevó a muchos logros y éxitos, pero llegó un momento en que la vida me paró y me preguntó: «¿Olvidaste algo acaso?». Y sí, olvidé ser yo, olvidé escucharme, conocerme, me olvidé de mí porque la necesidad era lo más importante.

Algunos pueden enfermarse ante el caos, otros pueden ser las víctimas y tratar de evadir, otros hacerlo perfecto, pero hay quienes elegimos no causar problemas y tratar de no cargar más lo que estaba colapsando. Es como estar en un barco que sientes que se hunde y eliges saltar al mar para bajar el peso; no existir, no pedir, no necesitar, no hacer ruido, no ser visto, porque todo está tan complicado y fuera de control que te sacrificas sintiendo que así todo estará mejor.

Esto se convierte en una ley de vida: no existir, no necesitar y convertir el sacrificio en una dolorosa carga que un día dejas de ver, ya no te parece un sacrificio y solo sabes que estás agotada y que lo que más deseas es que alguien te quite la carga cruel.

Como niños siempre tomamos decisiones ante lo que

nos sucede. Ante la situación de mi familia jugué un papel de fuerte, de sacrificio. Pensé que necesitaba estabilizar el barco por los que amo, para cuidarlos porque eran lo único que tenía, y eso fue lo que hice, ser la fuerte, trabajar desde chica, ayudar a mi mamá, no causar más problemas, no necesitar, no pedir, no existir.

Hay quienes no podemos quedarnos viendo que algo sucede y no hacer nada. ¿Qué le toca a una niña en una circunstancia donde sus padres están fuera de control? Escuchas a tu mamá llorar como niña, ves a tu papá alcoholizado, a tus hermanos llenos de miedo. ¿Qué opciones tienes ante eso? Lo que me salvó fue ser la adulta que mi familia necesitaba; salté del barco y dejé de ser niña para ir un peldaño arriba y asumir responsabilidades para que nuestra familia estuviera mejor.

La ausencia de papá, el sentir a tu mamá impotente, vivir situaciones que no te dan seguridad, cambios, conflictos y sentir peligro e incertidumbre me hicieron reaccionar. Muchas mujeres hemos vivido esto, vivimos en un mundo donde esto es bastante común.

Buena suerte o mala suerte, pero las mujeres Doña Huevotes tenemos temperamento protector y cuidador. Muchas veces quería cuidar a mi mamá y proteger a mis hermanos, y después a mis pacientes y consultantes, a mis hijos, parejas y todo aquel que necesitara cuidado y se topara en mi camino, pero ¿y yo? Perdón, pero para eso ya no había tiempo.

Mi infancia está marcada por el miedo. Sentí mucho miedo a que mi mamá se muriera y nos abandonara cuando era lo único que teníamos, a los fantasmas que siempre sentí en mi casa, a los robachicos y ladrones que viví de cerca en varios momentos. Recuerdo estar en mi casa de Izcalli mirando por la ventana con mucho miedo de que mi mamá no llegara. Miedo, miedo, mucho miedo y vacío de protección.

Llegó un momento, quizá en la adolescencia, que me rebelé ante el miedo y decidí no tenerlo más. Me fui al otro polo: empecé a salir al mundo y generar seguridad a través del trabajo y el dinero. Fui temeraria y empecé a ir en contra de mi miedo; si me daba miedo, entonces lo enfrentaba. Me hice fóbica del miedo y congelé mi capacidad de sentirlo. Eso sucede cuando viviste un miedo tan grande y tan abrumador que ya no quieres sentirlo, entonces lo llevas a un apartado donde ya no lo escuchas, lo desconectas.

Una persona temeraria no registra su miedo, hace muchas cosas y se atreve, pero desconectada de sí misma. Pareciera un superpoder, porque por muchos años ese impulso me llevó a aventarme a hacer muchas cosas para las que no estaba preparada y que hacía sin darme cuenta de que me atropellaba a mí misma.

Encontré en mí la forma de protegerme de ese miedo. Me puse una máscara de fuerte y salí al mundo a trabajar, pero en el fondo no estaba lista y vivía llena de miedo y vulnerabilidad negada. Las consecuencias de todos esos años sin registrar mi miedo es una vida llena de muchos logros, sí, pero también de muchas cosas sin sentido, llena de abusos hacia mí, de pocos límites conmigo y con otros, llena de batallas y situaciones para las que no estaba lista. La ausencia de límites es una forma de abuso constante hacia nosotras y las consecuencias son múltiples, desde un gran sobrepeso hasta una vida llena de cosas que ni quieres ni necesitas. No solo desconectamos el miedo, también el cuerpo completo, que es nuestra guía fundamental para conocernos.

Y entonces mucho de lo que hacemos es desde la cabeza, desde el deber, desde lo que se espera, desde lo que toca, desde lo que creo que me hará sentir valiosa, desde lo que creo que funciona. Pero jamás me paraba a preguntarme nada, solo era una voluntad en marcha sin pensar ni cuestionarme, sobre todo hacia mí. Jamás escuché una voz que me preguntara: «¿Estás lista para esto? ¿Es lo que quieres y necesitas?». Había roto el diálogo hacia dentro, no tenía ni idea de todo lo que pasaba dentro de mí ante tanto y tanto movimiento hacia fuera.

Yo jamás imaginé que llevaba años atropellándome, viviendo como una adulta siendo una niña. Empecé a trabajar a los catorce años. Siempre fui buena vendedora y me veía más grande, me maquillaba y usaba tacones altos. Tuve mi despacho de cobranza a los diecinueve años con un par de socios abogados que conocí en mi anterior trabajo. Yo vendía y conseguía clientes, pero también negociaba las cobranzas y era una bala.

Tenía mucha hambre. Recuerdo una junta con mi socio, que era abogado. Era una empresa transnacional: salíamos de una junta con unos japoneses encargados de las finanzas, hablando de la cartera vencida y los procesos con los clientes a los que estábamos cobrando. Yo tenía el liderazgo de la junta y sabía caso por caso lo que estaba pasando con sus clientes. Mi socio de aquel momento me miró y dijo: «Si ellos supieran que tienes veintiún años y en tus manos está toda su cartera vencida no lo creerían».

Desde los diecinueve años trabajo de manera independiente y siempre he pensado que si no hubiera cambiado mi rumbo laboral hubiera sido una Doña Huevotes empresaria, muy enojada con los hombres, desconectada de sí y exitosa económicamente, pero seguramente también me hubiera sentido muy sola y vacía haciendo tantas cosas desde una necesidad de ser cabrona y fuerte, y no desde la paz y el bienestar. A los diecinueve años era una empresaria, tenía mi propio coche, me vestía con trajes sastre, tenía clientes grandes que confiaban en mi capacidad; era una niña jugando a ser doña chingona. Amo profundamente a la niña valiente que se atrevió a todo eso, lo único que en verdad quería era crear una realidad que me hiciera sentir segura y jamás tener miedo.

Aunque el miedo fue la emoción más presente en mi infancia, después parecía que nada me daba miedo: me paraba frente a clientes, iba y venía, aprendí a hablar en público a los veintitrés años, daba conferencias de filosofía. Me paraba en el Pasaje de los Libros del metro Zócalo y Pino Suárez de la Ciudad de México, allí di mis primeros pasos en mi amor por hablar en público y comunicar. En aquel momento, hablar en público frente a foros de cuatrocientas personas o más era mi forma de ser temeraria y atreverme a hacer cosas locas, pero fui descubriendo mi don. Pienso en la importancia de encontrarnos a nosotros mismos para encontrar también nuestras pasiones y dones. Si yo hubiera seguido con lo que hacía jamás hubiera abierto este camino donde me siento como pez en el agua y soy yo misma.

Este camino me regresó a casa a hacer tantas reparaciones en mí para recuperar a la niña que saltó del barco. El humanismo se convirtió en mi labor más importante a partir de los veintidós años, cuando conocí la filosofía y un sendero de trabajo interior.

Recuerdo cuando empecé a estudiar filosofía. Aún tenía mi despacho de cobranzas, pero poco a poco fui dejando ese trabajo. Estudiaba filosofía esotérica y eso me revolucionaba el alma, salía de mis clases temblando por lo que me significaba todo lo que aprendía. Empecé a conectarme de una manera muy profunda con todo ese mundo. Uno de los momentos que recuerdo mucho es una ocasión después de salir de una de mis clases. Estaban vendiendo unas pequeñas estatuillas de bronce y yo miré una Isis que me llamó. La compré y me hice la promesa, con solo veintidós años, de que no abandonaría este camino de crecimiento y que encontraría la forma de compartirlo con otros. Hoy hace veintitrés años que me hice esa promesa; en todos estos años el crecimiento personal se ha convertido en mi forma de vida. Tomo terapia, he tomado varias especialidades, aprendo todo lo que puedo, estudio, leo y sobre todo pongo en práctica lo que aprendo. No me siento una profesional del tema, me vivo como una buscadora de esa medicina para mi vida y cuando veo lo efectiva que es necesito compartirla. Es una pasión para mí compartir lo aprendido, no sé quedarme con nada.

Y así el miedo me permitió atreverme a hacer muchas cosas y descubrirme, pero por mucho tiempo tuve una personalidad que tenía el miedo como fundamento. No es nada fácil vivir tanta desprotección de niña, construir una personalidad que te ayuda a salir adelante de todo eso y después quitarte esos mecanismos adaptativos. Sigo siendo una personalidad que trabaja todo el tiempo por poner en paz a mi niña llena de miedo.

Es así como muchas mujeres fuimos construyendo personalidades de Doña Huevos. Le llamo así porque la fuerza nace en la mayoría de los casos del miedo, del dolor y la desprotección, y existe esa realidad dolida en el fondo de esa máscara de fuerte. Hay que hacer una sanación con las raíces para que puedas vivir la fuerza de lo que eres con menos dolor, más equilibrio y con capacidad de decir que no, protegerte y aprender a recibir.

Hoy te puedo compartir desde mi propia experiencia como una Doña Huevos en proceso. El viaje al que te invito nos llevará a descubrir muchos aspectos del enojo y rechazo con lo femenino y la madre, reconocer y darnos cuenta del enojo con los hombres y la necesidad de su amor, las dinámicas que vamos construyendo desde la posición de «la fuerte» con los hijos, los empleados o subordinados, lo que jamás reconocemos. Sobre todo, descubriremos cómo rescatar de las profundidades del mar interior a la niña que saltó del barco y que aún vive dentro de nosotras. Esa niña es la oportunidad de reencontrarnos.

Este libro está dedicado a ti, que tuviste que jugar el papel de heroína y sigues creyendo que te toca, sigues cargando esa carga cruel donde tú no existes, siempre puedes, no te quejas, resuelves y vas caminando por esta vida como si todo estuviera bien porque tú lo resuelves. Pero existe una dinámica de abuso y violencia en esta realidad.

Te invito a contestar y reflexionar las siguientes preguntas y descubrir en las respuestas las verdades de tu carga y cómo empezó tu historia de Doña Huevotes.

Cuando eras una niña de cinco a ocho años, ¿veías a tu mamá como víctima? Describe cómo la percibías.

1. Siendo niña, ¿cuál era el papel que jugaba tu papá en tu vida?

2. ¿Recuerdas algún o algunos momentos de mucho miedo y desprotección en tu infancia?

3. ¿Cuál crees que es la decisión que tomaste de niña ante lo que vivías?

4. ¿Qué es lo que jamás has pedido a tu padre y que necesitabas profundamente?

5. ¿Qué es lo que jamás has pedido a tu madre y que necesitabas profundamente?

6. ¿Qué es lo que a la fecha te cuesta aceptar de ti?

7. ¿Qué cambiarías de tu infancia si tuvieras el poder de hacerlo?

8. ¿Cuáles son las necesidades que tus padres jamás cubrieron?

9. ¿Cómo cubres esas necesidades hoy en día?

TRES

La alianza con el clan Doña Huevotes

Llevo un tiempo trabajando y profundizando acerca de las heridas colectivas y de la resonancia que existe en las familias y las heridas que compartimos como sistemas. Tenemos heridas en lo particular, en lo familiar y en lo social. Estamos más conectados de lo que somos conscientes y nos impactan de manera muy directa los dolores que han estado vivos en las relaciones con nuestros abuelos, padres, por nuestras historias como humanidad.

Nos conectan raíces profundas de evolución y crecimiento, pero también de defensa y dolor que vamos heredando como parte de la sobrevivencia, las virtudes y el potencial de los sistemas. Todo se hereda en los genes de quienes conformamos la cadena. Esto no solo en las familias, también como seres humanos tenemos un inconsciente colectivo del que ya hablaron Freud, Jung, Platón con el mundo de las ideas y muchos otros pensadores que alcanzaron a mirar la realidad desde un esquema macro.

Hablando del dolor colectivo de las mujeres, creo que

hay mucho que reflexionar y cuestionarnos. Vivimos una época donde las mujeres llevamos largo tiempo en una lucha en contra de patrones represivos y de abuso, violencia, sometimiento, anulación y falsas ideas de lo que nos toca como mujeres; formas de machismo tremendamente violentas que han ido cambiando en un proceso lento y doloroso.

Hace poco tuve la oportunidad de hacer un viaje a Turquía. Estaba en la mezquita de Santa Sofía, donde se llevaba a cabo una ceremonia del Corán. Era muy ofensivo para mí ver que los únicos autorizados para pasar a la ceremonia eran hombres y había guardias que cuidaban que ninguna mujer se colara en ese acto. Ellos eran los únicos elegidos para llevar la ceremonia a cabo. Qué terrible situación, pienso que el culto a lo sagrado es mucho más propio de la naturaleza femenina que la masculina. Las mujeres en todas las culturas hemos sido las sacerdotisas del fuego, del oráculo, de la conexión con lo sagrado. Qué duro fue para mí ver cómo la religión ha puesto a las mujeres en un lugar que no nos corresponde y con eso ha debilitado todas las cualidades que nos son propias, como la unidad, el amor, la espiritualidad, los valores atemporales y el respeto por la humanidad.

Esta época machista ha puesto valores de lo masculino como los más importantes: la competencia, la individualidad, la tecnología, la economía, la conquista del territorio, la mente. Todos son valores preciosos de lo masculino

—ojo, no de los hombres, sino de lo masculino— y son importantes, pero no los únicos ni los más relevantes. Al ser los únicos valores aceptables entramos con ellos en épocas como las que vivimos: mucho dinero, marcas, autos de lujo, moda, edificios de oro y, en contraste, niños muertos de hambre, guerras, la depredación de la tierra, dolor y más dolor. Hay muchas incongruencias humanas de las cuales todos somos parte.

Somos una humanidad dañada por el hambre de poder, por los valores masculinos desbordados y sin su equilibrio femenino. Los valores que representa lo femenino han sido mutilados y manipulados desde hace mucho, y aunque existen intentos por recuperar y equilibrar la humanidad no nos alcanza para hacer un cambio radical. Todos somos parte de esto, todos de alguna manera nos dejamos seducir por esta ola de hambre, marcas, falsas necesidades y entramos en la licuadora de hacer y hacer, pero sin espacio para mirar, sentir, descubrir tu saciedad y tu necesidad. La cancelación de nuestro contacto con el cuerpo es justo parte de este plan de cancelación de lo femenino en la humanidad y con eso de nuestra deshumanización. Todos somos parte de esto.

Hace poco me compré un auto hermoso y una casa acogedora para vivir feliz, pero que me ata a muchas cosas: a una mensualidad alta, a un lugar que no me llena del todo, a una carga de mantenimiento y más cosas. De pronto me cuestiono, ¿en realidad necesito todo esto? A

veces quisiera elegir una vida más simple, con menos cosas, más austera y llena de más espacio para vivir. Nos
vamos atando a través de muchas necesidades que nos vamos creando y, casi sin cuestionarnos, vamos juntos en
una ola donde no hay tiempo para elegir si eso es lo que
queremos y necesitamos realmente.

En mi caso sí estaba buscando algo diferente y pensé
que era una casa, mayor espacio, comodidad, pero ahora
después de un año siento que no quiero eso. Llevo tiempo
queriendo salir de la ciudad y vivir en un lugar donde haya
agua, río o mar, naturaleza, menos ruido, menos cosas,
más simple. Hace algunos años jamás hubiera podido darle espacio a mi parte más femenina, a una voz más femenina dentro de mí, a la que no le importa el reconocimiento,
la que es más hippy, más libre. Quisiera darle más espacio
en los próximos años y soltar mi hábito de acumular.

Llevo muchos años corriendo y haciendo proyectos:
crecimiento, libros, especialidades, más estudios terapéu-
ticos, más cosas. Me encanta y amo y agradezco mi trabajo, es mi pasión y mi misión de vida, pero hoy escucho
más mi parte femenina que me pide otro ritmo, otro contacto, otra sensibilidad y menos carga de hacer y hacer.
Estoy construyendo mi camino a los cincuenta y quiero
regalarme una mayor libertad en todos los sentidos y un
mayor espacio para lo femenino que soy y que me equili-
bra también.

Vivimos en clanes de mujeres lastimadas por este machismo, por esta violencia que existe en la anulación de nuestro derecho a ser mujeres, a ser sensibles, intuitivas, a vivir una maternidad sin sentir que perdemos lugar en el mercado laboral, derecho a tener mejores trabajos conforme a nuestra naturaleza de curar, enseñar, educar, unir, conectar y no solo competir sin importar la parte humana, como se promueve en el mercado laboral sin sentido humano. Todo esto no da espacio a lo femenino.

Hombres y mujeres vivimos heridos por historias de dolor de hombres castrados en su derecho a sentir y mujeres mutiladas en nuestro derecho a ser respetadas.

Todo esto no es casual, en realidad existen buenas razones para manipular todo esto y generar guerra entre hombres y mujeres. Divide y vencerás es una táctica de guerra y no es casual que haya una promoción muy grande del mercado de la imagen. Para las mujeres, si no eres flaca, con tetas y culo grande no estás en el mercado. Para los hombres, si no eres rico y exitoso no existes. Si no trabajas contigo mismo jamás te paras a reflexionar, ¿por qué me estoy haciendo esto?

Es muy fuerte ver la era de las operaciones para mujeres, la era de las tetas y el culo grande. Hay implantes que son denigrantes, eso es lo que siento al ver a las mujeres que los portan tan sexualizadas. Me pregunto si en verdad disfrutan de su sexualidad, si en verdad necesitan esos culos y esas tetas para sentir más y vivir más plenas. En muchos casos son para ellos, para llamar la atención, para estar en el mercado y ser esa mercancía que te lleva a tener hombres que te resuelven todo económicamente pero al final te usan. ¿Eso genera más dolor y enojo con los hombres?

Pienso que hay siempre una mirada profunda de las razones por las cuales las cosas son como son, creo que nos seguimos generando dolor unos a otros desde nuestra falta de consciencia y responsabilidad de nosotros mismos.

¿En tu clan femenino hay enojo con los hombres? Hablaremos más adelante de este enojo. Pero ¿cuáles son las realidades que viven las mujeres de tu familia en su relación con los hombres? Hablando de Doña Huevos, en casi todos los casos la relación con el padre tiene fractura, hay una experiencia desde muchas generaciones donde ser mujer era estar en vulnerabilidad frente al peligro. La abuela y la madre vivían con hombres lastimosos, egoístas, narcisistas, ausentes, violentos, infantilizados. Parece una canción de Lupita Dalessio o Paquita la del Barrio, y sin duda por eso estas cantantes son tan populares, porque hay en el colectivo un tema con el abandono de los hombres y la ausencia de la figura masculina sana.

Sería interesante comprender de fondo qué pasa con la masculinidad sana y presente, por qué están tan enojados los hombres que ejercen en algunos casos abandono, violencia y ausencia. Yo creo que es una forma de castigo a madres violentas, ausentes, o mujeres y hombres lastimados que nos herimos y nos ponemos en guerra sin tener claro que nos necesitamos para ser felices, para vivir en armonía y no existe supremacía ni en unos ni en otros.

Lo disfuncional está en los polos. Muy masculino es disfuncional porque le falta equilibrio en sus vínculos, en sus emociones, en su conexión consigo mismo. Muy femenino también es disfuncional porque le falta estructura, límites, protección, racionalidad, consciencia individual. Las mujeres Doña Huevos están muy en el polo masculino, hacia fuera, productivas, mentales, estrategas. Hay mujeres muy en el polo de lo femenino, superfrágiles, dependientes, necesitan a otro para sobrevivir, eso es estar en el polo de lo femenino.

En el caso de los hombres también veo esta disfuncionalidad. Si están en el polo de lo masculino son muy egoístas, controladores, manipuladores, individualistas y desvinculados de su mundo afectivo. Si están en su polaridad femenina, los hombres son como niños frágiles, complacientes, desestructurados, rotos en su economía, dependientes, victimistas y violentos pasivos. Lo disfuncional está en los polos y nos polarizamos por sobrevivencia. A veces es herencia de tu padre, de tu madre, la forma de complacerlos, de protegerte, lo que se necesitó en tu infancia, como ya hablamos. Si necesitaste mucho la energía de los masculino porque tuviste un padre ausente y mucha desprotección, seguro te irás a los polos donde te haces supermasculina para sustituir esa necesidad, o te haces muy femenina, atrapada en la niña que busca papá.

Todas estas son reglas no verbales dentro de los sistemas en los que crecemos, en las reglas no verbales y a veces verbales queda claro que no se confía en los hombres, no son presentes, son como niños, hay que pisotearlos, no hay que esperar nada de ellos, hay que controlarlos, y al final se van.

Existe un dolor enorme en nuestras madres, abuelas y en nosotras cuando crecimos en clanes de hombres ausentes. Un hambre de hombre enorme, pero con mucho enojo y resentimiento, con mucha defensa y desconfianza, queriendo, pero sin querer. Porque sí quiero un hombre en mi vida y que me quiera, sí quiero recargarme en sus brazos, pero siempre alerta porque creo que me va a abandonar o me va a lastimar de alguna forma.

Aprender a confiar en los hombres cuando viviste con un papá violento, cruel y lastimoso es una condena difícil de superar. De alguna manera tenemos talento para llamar lo que creemos. «Somos lo que pensamos», decía Gautama Budha, y solemos sintonizarnos con la frecuencia de nuestras creencias. Así que si yo creo que las mujeres no son confiables y quieren lastimarme, tengo en mi radar a estas mujeres y un cierto patrón de relación con ellas. Asimismo, cuando las mujeres sentimos que los hombres son como nuestro padre, haremos, desde el miedo y el inconsciente, que nuestras creencias sean profecías autocumplidas a la hora de conectar justo con los patrones de tu padre.

Y en el fondo duele mucho, duele mucho querer amarlos y no saber cómo, duele mucho repetir una y otra vez ese patrón conocido que abandona, ignora. Duele que seamos de pronto conscientes de eso y seguir reproduciéndolo sin control. Porque en el fondo ese «amor» malo es conocido, nos acostumbramos a vivir el amor así. Es mejor confirmar lo que sé porque eso ya no me sorprende, que los hombres son incapaces de amar y son ausentes es algo sabido para muchas mujeres con padres ausentes. Pero abrirte a la posibilidad de que sea diferente, que te vean, te amen, se queden, el trabajo que implica salir de lo conocido y arriesgarte a confiar y amar es realmente valiente.

Preferimos pertenecer al clan de las mujeres que pueden sin ayuda, que no necesitan a un hombre para nada, que mejor solas que mal acompañadas. En el fondo existe un dolor sistémico, una alianza con las voces de las mujeres de tu linaje que te dice que no te atrevas a romper las reglas no verbales de este clan porque serás lastimada. En la mayoría de los casos repetimos el mandato y no construimos los apoyos para salir de él. No se trata de simplemente salir para terminar confirmando que tenían razón, se trata de salir con responsabilidad y buenos apoyos propios para probar algo fuera de lo conocido.

Para ser la oveja negra del clan se necesita valor y recursos para salirse del sistema, se requiere poder personal para desobedecer los mandatos de las mujeres de tu linaje. Pero cuando te atreves a salir, cuando das un paso y otro paso y acompañada de todos tus recursos, te atreves a caminar un territorio nuevo y desconocido, te enfrentas a ti y a todos tus demonios, a todas las partes de ti que quieren mantenerte segura y protegida en ese lugar jodido pero conocido.

Amar es la cosa más valiente y solo es un don adulto, porque no se trata de aventarte sin responsabilidad a confiar en cualquiera, es un riesgo medido y elegido poco a poco, basado en el tiempo, la confianza y los actos que te van dando claridad sobre que vale la pena confiar un poco más y un poco más.

La violencia tiene muchos niveles de manifestación, por ejemplo, un papá infantilizado y víctima es una forma de violencia, también un papá proveedor que se deslinda de tu educación y afecto. Una masculinidad sana es un trabajo personal de quienes la viven. No es por suerte, generación espontánea o porque se da, todo esto es trabajo personal, buenos modelos y conquista de la consciencia. Todas las mujeres que crecimos con un padre violento tenemos una factura inconsciente o consciente que cobraremos a los hombres de nuestra vida si no trabajamos terapéuticamente el tema.

Esa factura sucederá, por ejemplo, en una mujer polarizada en lo femenino, infantilizada, que buscará padres que le resuelvan la vida. Será chantajista y manipuladora para ir logrando su objetivo de convertir a su pareja en su padre e ir soltando la responsabilidad de sí misma. Ella guarda esa factura y se la va a cobrar a los hombres que se vinculen con ella. Eso también es violencia, porque tu pareja no tiene por qué ser tu padre ni cargar con tu responsabilidad, pero cuando ese hombre decide entrar al juego de ser tu padre y pagar la factura, también se cobrará otra de dependencia, pérdida de libertad, control y autoridad sobre ti, a la manera de un padre.

Muchas de las mujeres que vemos jugando esos juegos de parejas que se hacen cargo de ellas en realidad tienen una relación disfuncional, porque es un juego de padre e hija y no una relación adulta horizontal. Muchos hombres aman jugar estos roles con mujeres que no tuvieron un padre presente, pero todo es desde el dolor y sigue generando heridas.

Hay otro tipo de facturas de las mujeres que no están buscando al padre que les resuelva, por lo menos económicamente, y están cargadas hacia lo masculino, o sea, las Doña Huevos. La factura es no permitir a tu hombre ser hombre, porque eso es para ti un símbolo de abandono y dolor. Todo depende de la experiencia que tuviste con tu padre o los hombres de tu vida. Ojo, no solo en la relación como padre, también en el papel de pareja que él jugó con tu madre, porque no solo estás viviendo al padre, también estás viviendo al esposo de tu mamá como un modelo de hombre. Entonces, si tu relación con ese padre es dolorosa y hay enojo, no le permitirás a tu hombre ser fuerte, libre, capaz, una autoridad; así, de una manera inconsciente eliges hombres necesitados, infantilizados, o los empiezas a infantilizar resolviéndoles la vida.

Es fuerte lo que digo pero es cierto. Con un poco de honestidad puedes cuestionarte en qué medida los hombres fuertes y libres te son amenazantes, los hombres sanos no existen en tu radar y solo existen los hombres-niños o los machos alfa que lastiman y abandonan. Entonces mejor eliges pájaros frágiles para tomarlos en tus manos y hacerlos dependientes de ti. Claro, esto jamás lo reconocemos, nos compramos ideas de que encontramos al amor de nuestra vida y no somos conscientes de que ni lo conocemos bien. Nos engañamos a nosotras mismas y después estamos cargando con un hijo más, enojadas y frustradas, sintiendo que nos engañaron. Te dices que jamás pensaste que era así, que te engañó. En realidad no nos paramos a observar de fondo ni nos damos tiempo para elegir poco a poco a la persona con la que nos vamos a relacionar.

Todos y todas solemos cobrar factura desde la falta de responsabilidad, tenemos una factura que cobrar de las mujeres lastimadas de nuestro linaje, una dolorosa factura que cobramos sin darnos cuenta al padre, a los hijos, a la pareja, al jefe o a cualquier hombre con el que nos relacionemos a nivel afectivo. Debemos ser conscientes de que no podemos seguir generando cadenas de dolor. Esto también pasa con los hijos varones de una Doña Huevos enojada con los hombres que le cobra la factura a su hijo, quien cargará con esa factura y ese dolor y después será un cobrador de facturas a otras mujeres para no ser lastimado como lo hizo su mamá, generando así cadenas interminables de clanes que cobran facturas desde la falta de adultez y responsabilidad.

La única forma de liberarnos de todo esto es conociéndonos, hacer un viaje hacia dentro y preguntarnos: ¿Por qué nos pasa lo que nos pasa? ¿Desde dónde atraemos eso que nos pasa? ¿Cómo es la relación de las mujeres con los hombres en mi sistema familiar? Si nos hacemos responsables de las facturas que como papa caliente heredamos de nuestro clan familiar —de la abuela que se la pasa a la hija y de la hija a la nieta con el mandato «no confíes en un hombre»—, entonces solo estaremos jugando a que sí confiamos, pero en el fondo, ligadas al dolor de nuestras mujeres, no lo haremos y cobraremos las facturas que les deben a las mujeres que amamos, como una forma de protección a nosotras mismas.

No podremos cambiar la historia de dolor si no nos atrevemos a conocernos y sanarnos, a hacernos responsables de las facturas del clan. Tú no eres tu mamá, tu mamá tenía otros recursos, otra madre, otro temperamento, creció en otra época. Tú no eres tu mamá ni tu abuela, tú puedes vivir una historia diferente y tienes todo el derecho de salir del esquema, todo el permiso de escribir un guion diferente donde, desde la responsabilidad y el amor propio, vayas construyendo un amor respetuoso, consciente, cuidado, un amor de dos y no solo de uno. Es difícil, sin duda, pues vivimos llenos de personas que mueren de miedo a amar, que mueren de miedo de salir de sus patrones de dolor, que traen facturas de años de linajes llenos de dolor.

La vida tiene maravillosos espejos en las personas que nos encontramos en nuestro camino, pero hay que trabajar con el amor propio y el autoconocimiento, no como una forma de tener acceso a la abundancia, porque después hacemos un trabajo personal solo para ganarnos el acceso a la abundancia, y cuando ya llevas muchos libros, cursos y terapias y te das cuenta de que tienes el mismo acceso de siempre, te decepcionas y te frustras y vuelves a lo mismo de siempre, pero ahora con más enojo. No hay que trabajar para tener acceso a mejores hombres, hay que trabajar interiormente para que cuando un hombre llegue a tu vida puedas pedir, poner límites, no hacerlo tu centro y tu mundo y no depender de él para ser feliz. Propiciar un amor bonito, respetuoso y sanador. Cuando somos eso en la vida, con nosotras, en todo lo que somos, entonces somos mujeres más verdaderas, más honestas y más llenas de amor real, sin tantas facturas.

A veces nuestra necesidad de cambio surge solo porque creemos que así llegará el príncipe azul, y no es así. A veces llega más de lo mismo, pero tú ya no eres la misma y eso cambia completamente el juego. No hagamos del «crecimiento» un enemigo y una fuente de rechazo constante a nosotras mismas, porque no somos lo que leemos y aprendemos. En esta era del *echaganismo* y el positivismo, en esta era de las fotos felices y los corazones tristes, en esta era de afuera, afuera y nada dentro, lo mejor que podemos hacer es ir hacia dentro, mirar lo que somos y amarlo tal cual es, sin más pretensiones ni cambios. El cambio vendrá una vez que ames eso que eres.

Ellos también están cansados de usar, abandonar, rechazar, de sentirse vacíos, de ir de cama en cama, de relación en relación. Ellos y nosotras estamos cansados de usarnos y cobrarnos viejo dolor. Cuando no estás en esa posición, entonces puedes dar un amor distinto, algo que enriquece, que cura y sana. Eso nace de tu libertad, amor propio y de los límites claros. Cuando estás sanando no tienes facturas que cobrar porque conoces tus demonios y no te lo permites, cuando eres consciente de tu parte no estás en posición de reclamo y demanda, sabes que esa persona no te debe nada, y entonces construyes un mejor lugar de donde partir.

Cuando saldamos las facturas de nuestro clan en terapia, las cosas que tu pareja hace, desde su dolor e historia personal, no te las tomas de manera personal. Entiendes que es su infierno, el cual tiene derecho a tener, y no tiene que ver contigo ni es tu responsabilidad. Entiendes que si para ti es fuerte verlo para él es peor vivirlo. No lo rescatas, pero das espacio para que se dé cuenta, para que valore lo que hace, y siempre estás tranquila porque sabes que tus alas son tuyas y que en el momento en que eso no sea bueno para ti de inmediato pondrás un límite.

Necesitamos hacernos conscientes de que todos traemos una factura con el clan y se la vamos a cobrar a nuestra pareja si no la conocemos. Esto no tiene que ver con infancias llenas de dolor, todos, incluso los que creen que han tenido una infancia hermosa, tienen facturas y heridas y temas de trabajo personal. Merecemos crear realidades diferentes y, lejos de aliarnos con las reglas no verbales del dolor del clan, regalarles a las mujeres que siguen en el clan un permiso a ser ellas mismas, amar con límites, respetarse, permitirse un amor adulto. Hijas, sobrinas, nietas y las que vienen están en el clan. Un modelo de un amor que no pisotea, manipula ni controla es posible solo si eres responsable de ti y conoces las heridas de tu pasado para no cargar a nadie con ellas.

Esto solo es posible amándote y conociéndote, emprendiendo un camino de crecimiento sostenido. Estás en el camino, vamos juntas sin soltarnos, porque también las que decidimos dar el salto estamos acompañando a las que quieren dar el salto. Este libro es parte de una conexión que nos permiten las letras, también hay alianzas elegidas con mujeres inspiradoras, alianzas con mujeres que hemos escogido amarnos, sanarnos y crear realidades más amorosas y justas para ti y para los que nos rodean.

Una muy querida amiga me regaló una anécdota que viene a mi mente en este momento. Un día en carretera me platicaba de la relación con un tío tremendamente querido para ella y su familia que murió de manera inesperada. Ella hablaba de ese hombre con tanto amor y respeto y me dijo algo que conmovió mi alma y jamás olvidé: «Nosotros tuvimos el privilegio de ser amados por un hombre así, con esa vida y amor para dar». Qué hermoso, pensé, yo quiero ser una persona así, se dice fácil, pero amar dejando tu ego y tus heridas a un lado es un ejercicio adulto de alta capacidad.

Quizá también me conmovió porque yo jamás tuve un tío, un abuelo y ya ni qué decir de un padre con un amor así. Jamás tuve una figura de autoridad masculina amorosa y presente. Cada vez que observo algo así o tengo la oportunidad de tener algo así en mi vida, lo disfruto y le abro un apartado interior a algo que sí existe y que por alguna razón yo no tuve acceso. Siento que solo quien ha vivido esa ausencia puede entender lo que digo, es como un hueco que jamás se llena con nada, como una pérdida con la que te acostumbras a vivir y aceptas, pero siempre que ves que existe en otros lugares es conmovedor y te duele.

El amor de un hombre como figura de autoridad es algo que me faltó muchísimo, y desde ese vacío fui escribiendo los capítulos de mi relación con los hombres.

Puedo sentir y entender el dolor que tenemos ante la ausencia de algo que deseamos y necesitamos tanto y nunca tuvimos. El dolor y el vacío de no haber escuchado nunca un «No te preocupes, mi vida, papá está al mando, tú tranquila» o «no tienes nada que temer, yo te cuido» o «todo está bien, papá está aquí a tu lado». Jamás lo escuché ni lo vi, y eso es duro, doloroso. Son de esas pérdidas que jamás se superan. Papá no está y mamá está rota, estoy sola caminando en un mundo que asusta pero que debo enfrentar porque me necesitan los que amo, me necesitan mi madre y mis hermanos, me necesitan las personas que amo y que siento vulnerables. Yo quiero ser esa figura de apoyo, de fortaleza y autoridad, y es así como la decisión de la niña nos va convirtiendo en fuertes, en mujeres a la defensiva y hasta agresivas, porque sentir el dolor y reconocerlo es demasiado. Mejor me enojo y agredo a sentir mi fragilidad frente a eso.

Hay cosas que desde el dolor vamos generando en nuestra relación con los hombres. Sin darnos cuenta vamos construyendo relaciones con hombres que siguen lastimando y abandonando, y en verdad crees que algo está mal en ti: «Algo está mal en mí porque por eso mi papá no quiso estar conmigo, algo está mal en mí porque por mucho que me esfuerzo no me siento amada y valorada por los hombres en mi vida».

Crecimos pensando y sintiendo que algo estaba mal en nosotras y por eso vamos a cambiar y a ser otra persona que en verdad tenga valor. Nos vamos guiando por los comportamientos que nos reconocen y aplauden, y ahí encontramos identidad. Pero lo que no sabemos es que no estaba nada mal en nosotras, estaba mal en las personas que nos educaron de niñas. Yo pensaba cuando era niña que mi papá era un tipo guapo, inteligente y maravilloso y que seguramente ese hombre tan grande y maravilloso no quería estar conmigo porque algo estaba mal en mí y no era suficiente.

Hoy en día entiendo que mi papá no estuvo presente porque estaba enfermo de dolor y narcisismo. Porque jamás se quedó en la vida de ninguna de las mujeres que fue abandonando, con más hijos; yo no estaba mal, él tenía muchas cosas mal que jamás sanó ni resolvió. Pensé de niña que era yo y cargué por años con esa idea, pero no era yo y nada está ni estaba mal en mí.

Lo que nos cuesta es sentirnos nuevamente vulnerables ante ese dolor que hemos dejado atrás con esta armadura de Doña Huevotes. Pensamos: «Ya no duele, no lo necesité, yo puedo sola, para qué quiero un hombre si es más problema». O si tengo pareja la convierto en un hijo, controlado, sometido y anulado, pero aquí lo tengo y hago como que no estoy sola para tratar de no ver que sí lo estoy y que siempre me he sentido así, aun con ese hombre a mi lado.

Hay algo que tenemos que saber si queremos abrirnos a recibir a un hombre en nuestra vida y sentir y validar la presencia masculina: jamás nos permitiremos dar espacio a ese amor si no trabajamos nuestras heridas con el padre, porque ese dolor anulado en nuestro interior deteriora nuestra capacidad de darle espacio a un hombre en nuestra vida. Es como si estuviera cerrado el apartado «Amor y reconciliación con los hombres» y solo estuviera abierto el apartado «Alimente su enojo y dolor con ellos».

Si no abrimos lo que hay en los apartados del padre y lo clausuramos diciendo: «Estoy mejor sin ti y ya no te necesito», entonces algo en tu relación con los hombres no podrá fluir sanamente, porque no estás viendo partes importantes que se proyectarán.

En los capítulos siguientes trabajaremos algunos aspectos de tu relación con él. Por ahora solo quiero decirte que tenemos derecho a sentir dolor y una pérdida que siempre duele, es nuestra historia y quizá la de nuestro linaje y podemos conocerla y honrarla pero sin más sufrimiento, en serio: ¡para de sufrir! Es justo y necesario validar lo que existe dentro de nosotras desde la aceptación y el amor ante las realidades que iremos caminando, soltando y perdonando.

Te invito y comparto este decreto de amor por las mujeres que habitan dentro de nosotras y conforman nuestro linaje femenino.

Decreto sanador:

A mi madre, a mi abuela, a mi bisabuela, a todas las mujeres que me anteceden y que hoy de alguna manera viven dentro de mí les digo: soy parte de esta cadena de mujeres llenas de valentía y amor, mujeres que han enfrentado situaciones que no conozco, pero sin duda fueron muy dolorosas por el nivel de defensa que trae nuestro clan. Me asumo consciente de nuestro dolor y también respeto las formas en que cada una pudo pararse frente a su propia historia. Honro nuestro dolor, nuestra necesidad, y acepto esta realidad. Hoy, desde el amor, aprendo a hacerme responsable de esto que vive dentro de mí, estoy cansada de hacer muchas cosas pensando en que así voy a dejar de sentir lo que hay dentro de mí. Estoy cansada de huir de mí, huir de lo que siento y en verdad necesito. Hoy me asumo como una mujer que tiene derecho a más y a que todo lo que las mujeres de mi linaje hicieron para sobrevivir y estar mejor sea honrado con mi compromiso para ser feliz, conocerme, sanarme y aceptar lo que habita en mí. Prometo a mi linaje de mujeres valientes que construiré el mejor amor, el más poderoso, el irrompible, que es el amor por mí, el respeto por lo que soy y por mi derecho a vivir siendo una mujer feliz y en paz.

Derechos de un linaje femenino sano

- Derecho a pedir lo que necesitas
- A pensar en ti primero antes que todos
- A estar sola y disfrutar tu espacio
- A ser vulnerable y sensible
- A elegir la vida que quieres
- A tener o no pareja sin que esto te demerite en nada
- A cuidar y conocer tu cuerpo que es tu sabiduría
- A sentirte suficiente y bella sin estereotipos
- A hacer lo que te gusta y te nutre sin culpa
- A no querer tener hijos
- A comunicar lo que te enoja con responsabilidad
- A ser autosuficiente
- A no tener miedo de mostrar quién eres
- A ser exitosa y amada
- A tener dolor y tratarte con ternura y compasión

Las mujeres estamos tan bombardeadas por estereotipos y condicionamientos que lo único que podría salvarnos de todo esto es recuperar nuestra capacidad de elegir desde lo que somos y necesitamos en verdad. Todas nos hemos sentido llamadas a complacer un sistema patriarcal que nos requiere flacas, guapas, tetonas, culonas, fuertes, complacientes, disponibles pero exitosas e independientes. Buenas madres, esposas, trabajadoras, hijas, amigas, porque las mujeres tenemos el condicionamiento de la *buenez*, ser buena y pensar siempre en los demás antes que en ti. ¿Naturaleza?, ¿educación?, ¿baja autoestima?, ¿hambre de hombre?, ¿todas las demás? No lo sé, pero merecemos estar disponibles para nosotras.

No se trata de irnos al otro polo como ha pasado con muchas, se trata simplemente de recuperarnos, no desde el enojo y la defensa, sino desde el autoconocimiento y el reconocimiento de todo lo que realmente habita en nosotras. ¿Tú eres una Doña Huevos? Pues felicidades, porque la fuerza ya está en ti y desde ese lugar puedes construir un mejor camino.

CUATRO

Matrimonio energético con la madre

¿Has escuchado alguna vez la frase «Yo no quiero ser como mi mamá»?

En los órdenes del amor, una hija pertenece a una jerarquía inferior a la de sus padres. Ella aprende, depende, escucha, recibe, es cuidada por ellos y respeta y ve hacia arriba a los que están en la jerarquía mayor. Los padres, los abuelos, los tíos, los hermanos mayores, todos los que nacieron antes de alguna manera deben ser respetados por nosotros y eso da orden y estructura a los sistemas familiares.

Antes, o en otras culturas como la japonesa, era más claro que se debía respetar y honrar a los abuelos, a los tíos y que por ser el hermano mayor uno merecía respeto de los menores. Eso daba dignidad y también obligaba a la jerarquía de los mayores a poner el ejemplo y ser más maduros y respetuosos con lo que estaban debajo. Entonces si eras el hermano mayor debías dar el ejemplo y respetar y cuidar a los menores, porque es lo que te tocaba en el orden del amor.

Todo tiene un orden y un lugar, y es importante jugar el papel que te corresponde y que sostiene el sistema familiar. Los padres deben ser una autoridad siempre para sus hijos, aun cuando están jugando como niños con ellos. El rol de padre jamás se pierde y eso genera orden y dignidad al sistema.

Cuando no somos adultos y tenemos muchas heridas nos quedamos estancados en posiciones infantilizadas, es como si una parte de ti no se hubiera enterado de que ya no eres un niño y entonces, por momentos o la mayor parte del tiempo, actúas como si fueras un niño con tus propios hijos. La mayoría de las veces, el padre que no ha trabajado consigo mismo es un niño y rompe el orden del amor con sus hijos, y de pronto es un niño ofendiendo a su hija, rompiendo en cólera, llorando sin control, compitiendo o pidiendo apoyo emocional al hijo de seis años porque está lleno de dolor y depresión y el hijo está disponible para escucharlo.

Cuando somos padres niños rompemos el orden del amor y llamamos a nuestros hijos a ponerse a la altura de la jerarquía para dejar de ser ellos los hijos y nosotros el padre o la madre, y eso genera mucha confusión y caos a los hijos. Eso nos sucede a muchos que no tuvimos el espacio para sentirnos niños dentro de la jerarquía. Tu padre era el niño o tu madre era la niña y ya no había espacio para nadie más, así que tuviste que subir la jerarquía y convertirte en su padre o madre o en su esposo llenar sus necesidades y ser responsable de él o ella.

Ángela perdió a su madre en un accidente cuando tenía seis años. Su padre se tuvo que hacer cargo de ella solo y desde muy chiquita la empezó a tratar como adulta, entonces Ángela debía prepararse de comer y cuidar de ella; más tarde, hacer la comida para ambos y hacerse responsable de la casa; más tarde, cuidarlo y atenderlo, tomar decisiones como si fuera su pareja. Ángela en cierto sentido perdió el derecho a tener novio porque sentía que le era infiel a su padre. A sus cuarenta y seis años se quedó atrapada en la relación con un padre que la hizo su esposa energética y rompió su derecho a ser su hija porque ya no podía cuidarla como niña.

Esto es un ejemplo de la vida real, cuando los padres rompen el orden todo se convierte en un caos. ¿Cuántas de ustedes Doña Huevos fueron pareja de su madre? Eso se escucha fuerte porque es horrible pensar que puedes ser pareja de tus padres, pero es un término que se refiere a un rompimiento del orden, donde estás en la misma jerarquía de tu madre o en una jerarquía mayor, porque no eres su pareja sino su madre.

Hay quienes nunca tuvieron el derecho de ser hijos porque desde muy chiquitos sus padres no podían darles el derecho de ser cuidados y protegidos. Nadie puede dar lo que no tiene. Las mujeres Doña Huevotes solemos romper ese orden y esto lleva a toda una serie de dinámicas disfuncionales, casi siempre con la madre, porque ella es nuestra relación más cercana.

Una madre que llama a su hija a rescatarla es una mamá que se muestra rota y rebasada frente a sus hijos, que se ve claramente fuera de control, casi siempre impotente y sola. Empiezas con anhelos de cuidarla, ella pide ayuda a gritos y empiezas a escucharla, a ser su paño de lágrimas, a querer salvarla o protegerla de los abusos de tu padre, a sentirla una víctima.

Una víctima es una persona que está siendo abusada por otra que tiene ventaja en algún sentido, mayor autoridad, más fuerza, poder, conocimiento, capacidad, y ejerce presión y persecución hacia esa otra persona con menos recursos para defenderse.

Existe el rol de depredador en los sistemas. El depredador tiene siempre ventaja en algo, es mental, estratega y experto en leer la debilidad de quienes considera sus oponentes. Odia la debilidad y la incapacidad y ama aplastar a quienes las tienen, sobre todo si son sus subordinados de alguna forma. Es una persona intolerante y agresiva, tacha a los demás de pendejos cuando no ven las cosas como él o ella y gusta de pisotear y demostrar que él o ella tienen la razón. Necesitan ser afirmados y sentir que tienen el control de todo.

Hay sistemas en los que el depredador es el padre o la madre; y la víctima, su pareja. La víctima se muestra débil, incapaz de tener la fuerza que se necesita, equivocada en lo que hace, pidiendo disculpas por todo, permitiendo, incapaz de poner límites, derrotada frente al depredador, que encuentra en ella una forma de tomar sangre y depredarla cada vez que necesita descargar sus impulsos perversos. Cuanto más débil es la víctima, más enganche y juego hay entre ellos. Pero ¿la víctima siempre es víctima? Hay un rol perverso también en la víctima, es la persona que no asume su rol como adulto y suelta su responsabilidad para ser protegida por sus hijos, ya que ella jamás se ha asumido con la fuerza de un adulto con recursos para decirle al depredador «nunca más».

Hay muchas historias de mujeres que se han atrevido a salir del papel de víctimas, y en ese momento se termina el juego, porque el depredador deja de ver en ella la oportunidad; pero hay mujeres que jamás salen de esa posición y terminan invitando a sus hijos a rescatarlas y aliarse a ella en contra de su papá depredador. Como hijo no entiendes que tu madre debe poner un límite y que practica un juego donde no quiere crecer y darse cuenta de que puede enfrentar a tu padre y pedir ayuda. Todas las mujeres que están en posición víctima están invitando a sus hijos a salir de su jerarquía y romper el orden para cuidarlas como pareja o como padres de ellas. Esto no es sano, cuando dejas de ser el hijo de tu madre pierdes la oportunidad de sentirte cuidado y en paz, estás llamado a crecer rápido y eso te hace neurótico y lleno de frustración.

Hay una parte de los hijos de las mujeres víctimas que rescatan a sus madres y se convierten en sus protectores, pero saben que es una atadura desde el dolor y por momentos descargan su ira frente a esa madre impotente que no les dio el derecho a ser niños y no tuvo la fuerza para cuidarse. Son relaciones de amor/odio porque ambos se aman y se necesitan, pero hay mucha frustración y violencia en la relación.

Alma es la esposa energética de su madre. Su madre siempre fue la víctima de su padre y ella era el paño de lágrimas de las infidelidades de su padre, la ausencia y todos los reclamos que su madre tenía sobre ese hombre. Alma no pudo nunca relacionarse con su padre como su padre, siempre compró la imagen que su mamá le vendió de él y jamás le permitió generar su propia relación con él.

Alma tiene cincuenta y cuatro años, estudió para abogada y siempre se ha hecho cargo de su madre y, hasta la fecha, difícilmente la contradice. Trabaja mucho pero pasa todo su tiempo libre cuidando a su madre. Le hace la compra, la lleva al doctor y viven juntas. Pero Alma pide ayuda en mi consultoría de terapia porque la dinámica entre ellas llega a un punto fuera de control. Alma siente un odio y una repulsión profunda por su madre, le grita, se desespera, la maltrata y hay veces que no soporta ni escuchar su respiración. Ella vive una guerra consigo misma de mucha culpa porque su mamá es casi lo único que tiene, porque ella no tuvo hijos, se casó y se divorció porque su mamá jamás estuvo de acuerdo con su matrimonio, y al final eso pesó mucho.

Ella no entiende por qué siente eso por su madre y pide ayuda terapéutica. ¿Cómo no va a estar enojada con su mamá? Su mamá no quiso ser su madre desde el momento en que se asumió como la víctima de su papá y descargó en ella toda su frustración. Su mamá la manipuló para no tener una relación propia con su papá y así perder la oportunidad de tener un padre y generar su propia historia con él. Su mamá la hizo cargar con ella y sentir que era su responsabilidad cuidarla y complacerla. La manipuló para sentir que su deber era complacer, cuidar y hacerse cargo de su mamá.

Todo eso lo hace una madre que no sabe hacerse cargo de sí misma y se muestra como una víctima frente a sus hijos. ¿Cómo no va a estar Alma llena de ira en contra de su madre? Pero estos son juegos que están en el inconsciente y Alma lo único que siente es que es una mala hija y que por eso está sola y no merece ser feliz, y eso la ata más a su dependencia con su madre.

Perder el derecho a ser hija es otra gran pérdida en la historia de Doña Huevotes. La gran mayoría de las mujeres así lo vivimos: una madre que veíamos disminuida y que hoy seguimos cuidando y complaciendo, o todo lo contrario, alejadas y enojadas con esas madres queriendo ser todo menos mujeres, madres o vulnerables.

El victimismo de la madre nos enseña a tener fobia a la vulnerabilidad. Es tan doloroso ver que la madre está rebasada e impotente frente a los depredadores que mejor te conviertes tú en la depredadora de otros y renuncias a tu derecho a ser mujer, porque aprendes a relacionar ser mujer con ser víctima, frágil, débil y presa fácil de los depredadores, y tú no quieres eso nunca más.

Cuando nos enoja tanto la fragilidad de nuestra madre, nos enojamos con ser mujer y tener el derecho de sentirnos mujer. Las Doña Huevotes tenemos en general cuerpo grande y fuerte, voz grave, piernas o caderas anchas, jugamos roles de control en todos los ámbitos, somos depredadoras, protectoras, cargadoras y rescatadoras de los incapaces. «Nadie nos ve la cara de tonta», pensamos, vamos como un tren que va a toda velocidad y no tiene tiempo de pararse, de sentir y ver lo que pasa.

Una de las experiencias más sanadoras que he tenido es aprender a reconocer lo femenino sanador y poderoso. Yo no quería ser mujer cuando era una niña, me peleaba a golpes en la escuela, jugaba videojuegos y amaba jugar retos con niños en la tienda de la esquina de mi casa y darles una paliza en el *Street Fighter*. Era muy buena, jugaba fuercitas en la escuela, solía ser más fuerte que los niños del salón. Siempre fui alta, físicamente grande, era una *bully* en mi primaria, me gustaban las tarántulas, las cosas de terror y hasta tenía una iguana muerta en mi cuarto. Cuando miro a esa preadolescente, pienso que en realidad era una niña hipersensible que no se permitía mostrar su fragilidad y usaba esa máscara de ruda.

A veces las personas más sensibles se cubren con máscaras de rudeza, indiferencia, sobrepeso, etcétera, porque sienten la vida más peligrosa. Tener el corazón en la piel es demasiado y en algún momento deciden que prefieren ser temidos a ser lastimados.

Crecí con un concepto poco inspirador de ser mujer. Lo relacionaba con la debilidad, lo rosa, lo tierno, sensible, y yo no quería ser así. El mundo en que yo me desenvolvía no era un lugar seguro para ser así, yo no quería ser lastimada y para eso tenía que ser muy fuerte, chingona, no necesitar nunca a un hombre y escogerlos muy bien para ser yo la que dominara.

Quisiera que observes qué estás sintiendo cuando estoy describiendo todo esto y a qué capítulos de tu propia historia viajas cuando te invito a mirar los comportamientos rudos y agresivos que nos han protegido de un mundo que aprendimos a ver como una amenaza. Nuestro cuerpo siempre tiene la información de lo que significa vivir así. Piensa en cómo es tu historia en la construcción de esa máscara de Doña Huevotes y si puedes mirar a través de ella y descubrir a la niña, a la mujer que pide a gritos amor y protección. Ya nos hemos demostrado que podemos protegernos, ahora el reto es aprender a recibir protección y ser acompañadas sin estar tan solas.

Se trata de recibir algo que siempre anhelamos cuando éramos niñas y que hoy podemos disponernos y abrirnos a recibir.

Estoy convencida de que tenemos el derecho de recibirlo y vivirlo en el presente, no pensar que como fue en la infancia ya pasó. Cuando validamos la necesidad podemos llenarla de manera sana y reparando eso que faltó. De manera inconsciente jamás llega, la vida es mágica y maravillosa, lo he comprobado una y otra vez. Solo llega lo que estoy lista para recibir. Muchas veces lo tenemos al lado, pero no lo tomamos, porque cuando vivimos con heridas no somos capaces de aceptar las realidades de amor que desconocemos. Si nunca recibiste cariño y protección es un capítulo borrado en tu interior, como algo que no existe y que no debes esperar de nada ni de nadie.

Necesitamos primero reconocer algo fundamental para recuperar el derecho de ser mujer y vivir la poderosa vulnerabilidad sana: que nuestra madre nos duele, que ese enojo que es evidente en el fondo guarda dolor, que nos duele la forma en que eligió, que permitió, que no tuvo las herramientas para amarse y cuidarse para ser feliz.

Decreto sanador:

Mamá, me dueles

Me duele verte tan carente y necesitada, me duele el poco derecho que tuviste a ser tú misma y elegir tu propia historia. Mamá, me dueles, sintiéndote objeto, extensión y siendo muchas veces usada y violentada, en la mayoría de los casos sin darte cuenta, por distintas personas. Mamá, me dueles, me duele tu desconexión, tu ausencia como amiga, aliada y cómplice. Mamá, me dueles, me duele que hayas tenido que vivir la violencia que mi padre ejercía y que te cerró al amor sano y al derecho de sentirte amada por alguien más. Mamá, me dueles, me dueles y ese dolor es mío, mi dolor y me doy todo el derecho de sentir y habitar todo lo que me dueles y que hoy elijo aceptar. Elijo aprender sin rechazo de lo que me enseñas, aceptar que vives dentro de mí y que también tu desconexión, tu negligencia, tu hambre y tu vacío son parte de mí por más que quiera negarlo. No quería ser una mujer lastimada como tú, pero hoy me doy cuenta de que yo misma me he lastimado al no querer serlo. Quisiera abrazar la parte de ti que vive en mí y soltar mi enojo contigo.

Quisiera saber cómo recuperar mi mirada de niña que mira a una madre que admira y respeta, una mamá que está arriba en la jerarquía, no como una hija, no una igual, sin esa responsabilidad de satisfacerte o rescatarte.

Quisiera haber sido tu hija y no sentir que debía cuidarte desde tan chiquita, siento que eso no me permitió sentir la fuerza de una madre que sabe poner límites y que no permite que nadie la pisotee.

Hay mucho dolor en ser mujer, mucho dolor en años de atropellamiento a la vulnerabilidad, la sensibilidad, la maternidad y la sexualidad que representa lo bello de lo femenino. No estoy encasillando a las mujeres en ese lugar; sé que no es una cuestión de rol sino de esencia, podemos ejercer cualquier rol, pero con una esencia de lo que somos. Amo y admiro a tantas mujeres que hoy conquistan la vida, que quieren sin tener que atropellarse a sí mismas ni negar su esencia femenina.

Esto tiene un mérito enorme, porque los condicionamientos con los que crecieron nuestras madres y abuelas, que les enseñaron a depender y mirar las necesidades de todos menos las suyas, viven en nosotras. Muchas veces tenemos que ir en contra de esas alianzas cuando nos cuidamos y nos respetamos.

No necesitamos ser Doña Huevotes para ser poderosas y exitosas. Hemos aprendido una visión errónea de ser mujer, pero hoy tenemos muchos más modelos de mujeres tremendamente poderosas, bellas, empáticas, inteligentes y que nos abren camino para reconciliar las partes de las mujeres que nos duelen en el inconsciente colectivo.

Reconocer el dolor de las mujeres por las mujeres es sano y válido. Debemos tener empatía y amor por las mujeres que hoy podemos ser, muchas mujeres objeto, mujeres desdibujadas por trabajos esclavizantes, lastimadas por hombres violentos, controladas por maridos que las mantienen, mujeres que odian su cuerpo o sienten rechazo por la maternidad y la vulnerabilidad.

Vivimos un proceso de dolor colectivo y seguimos buscándonos. No somos víctimas, todo es parte del proceso de encontrarnos y sanarnos. Es fundamental que nos adueñemos de nuestra vida, que dejemos de comprar estereotipos donde queremos encontrar nuestra valía y belleza, debemos conocernos, sanarnos, mirar el dolor generacional que vivimos y que nos hace rechazar inconscientemente nuestro ser mujer. Amar y honrar a la primera mujer de nuestra vida, nuestra madre, y tenerla en paz dentro de nosotras nos permite estar en paz con nosotras mismas.

Ejercicio: Crea la magia y sana tu relación con ella

Busca una foto de tu mamá y tuya cuando eras niña. Sácale una copia para que puedas recortar. Si no tienes una foto puedes hacer un dibujo que represente a tu mamá y a ti de niña, con seis u ocho años. Recórtalas y disponte a representar alguna situación en la que necesitabas su protección, su amor. Ponlas frente a frente y juega a que la niña puede decirle a su madre lo que necesita y esa madre se lo proporciona. Juega a que la arrulla, la cuida y le explica cosas como mamá. Juega a que eres su hija y te sostiene, te besa, te cuida. Recibe del campo de mamá lo que tanto te faltó, y no olvides invitar a tu vulnerabilidad a este juego. Siente el ejercicio, llóralo, háblalo en voz alta, siéntelo en el alma. No tengas duda de que tu madre hubiera deseado darte eso que tanto te faltó si hubiera tenido menos dolor y un mejor amor propio.

Si al hacerlo se abre el dolor, asegúrate de que sea un dolor vivido con la adulta que eres, que te acompaña y te da contención. Respira y sé una amorosa compañía para ti misma al hacerlo. Nunca olvides que tienes los recursos para vivir este ejercicio siempre acompañada de la mujer poderosa en la que te has convertido. Tu fuerza de Doña Huevos puesta al servicio de ti misma, dándote contención y sostén para expresar lo que sientes con la vulnerabilidad que sana y libera el alma. Recomiendo que si estás llevando una terapia hagas el ejercicio con tu terapeuta, ya que puedes mover cosas muy fuertes y es mejor tener contención y compañía profesional.

Ejercicio: Mamá, me dueles

En este ejercicio validaremos algunos aspectos que te duelen y que necesitaste de tu madre. Lo dirigiremos a la mamá de la niña que fuiste entre los cinco y los siete años. Esa mamá primeriza o la que estaba viviendo situaciones que recuerdas o que sabes que vivió tu mamá en tu infancia. Esa es la mamá con la que debemos trabajar en terapia, sin embargo, la relación con tu mamá en el presente podría seguir siendo tóxica. Así que, si ese es el caso, podrías hacer dos ejercicios: uno dirigido a la mamá de la niña y otro dirigido a la mamá de la adulta que eres hoy. Parece que son la misma, pero en realidad no lo son.

Los procesos de sanación con aspectos de la niña que fuimos son con la mamá de esa época, nada tiene que ver la mamá de hoy. Hay heridas que se quedaron grabadas en tu cuerpo y en tu alma y se deben reparar con los personajes de tu pasado. No es necesario hacerle reclamos a tu madre hoy y decirle todo lo que te dolió, eso es algo que generalmente solo continúa alimentando las heridas. Todo lo referente a tu infancia se repara en terapia y solo puedes encontrar a la mamá con la que tienes que reparar en tu interior.

La mamá del presente es la mamá de la adulta. Si tú ya tienes más de veintiún años, esa mamá del presente puede y debe ser una relación más horizontal y adulta. Una nueva relación con amor y límites claros.

Es un error querer cobrar a los padres del presente las facturas del pasado, eso nace de nuestra falta de responsabilidad con nosotros. Ese dolor se convierte en nuestra responsabilidad con la adultez y solo se cura en terapia. No cobres las facturas a tus padres cuando ya eres mayor de edad, eso es solo un chantaje y manipulación que te permites pero que ya no es válido.

Sanar a la madre en este caso es hacer un ejercicio, primero, para conocer cuáles eran las circunstancias que vivía tu madre cuando tú eras niña, para comprender adultamente su situación y darte cuenta de que quizá tenía muy pocos recursos en todos los sentidos. También es importante trabajar para validar todo lo que tu niña necesitaba, merecía y no recibió de ella. Entender las circunstancias de tu madre te da contexto, pero eso no repara tu dolor, solo se sana cuando reconoces lo que te faltó, validas tu derecho a recibirlo y te comprometes contigo para llenar esa necesidad hoy.

En la terapia que he creado con el Método Hera para trabajar las heridas de tu pasado, lo que hacemos es reparar las heridas desde cuatro capas de resolución.

La primera es la actualización del contexto y una nueva mirada de la adulta a lo que estaba pasando en ese momento, la situación que vivían tus padres y un nuevo entendimiento ante la situación vivida.

La segunda parte es conocer los comportamientos que dejaron esas experiencias y reconocerlas como parte de unos mecanismos de defensa y adaptación a esa circunstancia y no como tu identidad. Por ejemplo, reconocer el control como un mecanismo de adaptación y dejar de etiquetarte como una persona controladora. Observar la conducta *desubjetivizándote* de ella ayuda a flexibilizarla y empezar a cambiar. Así, todos los mecanismos de defensa, como el perfeccionismo, control, rescate y victimismo, deben conocerse más como una estrategia de sobrevivencia. Conocer el comportamiento es el primer paso para irlo flexibilizando y dirigiéndolo a tu beneficio.

La tercera parte del proceso es el trabajo con el dolor. Validar la memoria del dolor en el cuerpo es un trabajo muy fino y delicado. Esto lo hacemos a través del aprendizaje del lenguaje del cerebro reptiliano, que es donde se instaura el trauma, y con este trabajo terapéutico vamos integrando el dolor nuevamente al flujo de la vida.

La última parte del proceso son los nuevos permisos. Las heridas nos dejan atrapados en áreas de no merecimiento que están bloqueadas. Cuando empezamos a disminuir los mecanismos y a liberar dolor, recuperamos un caudal de energía que empleamos en los permisos de nuevos caminos y maneras de experimentar la vida, las relaciones y a nosotros mismos. Empezamos a recuperar el color y el sabor de la vida y habitamos un yo más presente y con capacidad de conocer otros rostros de la vida.

El trabajo con las heridas es un proceso de vida, no son cosas que se resuelvan en un fin de semana. Te invito a transitar con amor y paciencia las heridas con tu madre y tu padre y que poco a poco integres experiencias que fueron dolorosas y que te hicieron sentir abandonada y no vista.

Todos tenemos dolor que sanar, dolor personal y dolor del sistema en que crecimos, además de lo que nos duele a nivel colectivo como cultura.

Para sanar necesitamos transitar estas etapas y eso es justo lo que hacemos en este viaje. Hoy estamos entendiendo el contexto de nuestra madre y tratando de actualizar con una mirada más adulta tu posición como hija, su posición como madre y tu derecho de ser hija y tener una relación propia con tu padre más allá de su relación como esposa y pareja.

Date el permiso de nombrar lo que te dolió en el ejercicio y todo lo que necesitaste. Dale voz a la memoria de las cosas que se quedan atrapadas y que no nos damos el derecho de pronunciar por lealtad a la madre. Nos quedamos con peticiones atrapadas, reclamos y palabras de amor que se ahogaron. Tenemos derecho de decir lo que sentimos en terapia y así conectar y liberar el dolor de eso. Para sanar es necesario darte el permiso de decir esas palabras y sentimientos atrapados, pero también reparar lo que faltó y tanto necesitaste.

Regresar a la casa interior es regresar a ti misma, regresar a la niña e integrarla cada vez un poco más. Considero que sanar a los padres lleva su tiempo. Hay personas que no lo entienden, solo tienen el temperamento para decir «ya los perdoné», pero en realidad nunca se han atrevido a ver lo que existe en ese apartado de su interior y caminan por la vida encontrando siempre formas de huir de ese dolor, pero, como todo en la vida, cobra factura. Si prefieres darle la vuelta a la página y cerrar el capítulo, se queda energía vital atrapada, generando muchas neurosis como ser perfecto, controlar, evadir, tener ansiedad, ataques de pánico, adicciones y, a la larga, el dolor negado o reprimido cobra su factura.

Para cerrar este capítulo haremos un ejercicio donde te quiero invitar a darle voz a tu niña interior y escribirle esta carta a tu madre, no desde la adulta racional sino desde la niña que siente y no pudo nombrar cosas como las que veremos a continuación.

Ejercicio de sanación

Escríbele una carta a tu mamá en nombre de la niña que fuiste. Debe estar en tiempo presente y como lo diría una niña de cinco a ocho años.

Sugiero que todos estos trabajos los hagas en compañía de un terapeuta debido a lo profundo que pueden llevarte. En caso de que no tengas esta posibilidad, hazlo poco a poco; no se trata de romperte en llanto, porque si tu adulta deja de ser la capitana del ejercicio, entonces ya no sirve de la misma forma, el dolor termina desbordándote y ya no puedes integrar como adulta lo que se está trabajando.

La ventaja de tener un terapeuta es que puede apoyarte como adulto, sostener el trabajo para que no te desbordes y te sirva de una mejor forma.

Ejemplo de una carta:

Mamá:

Soy tu niña de cinco años. A veces siento que no me ves, como si no existiera, nunca juegas conmigo ni dedicas un tiempo para estar conmigo. Yo tengo mucho miedo cuando te vas a trabajar, nos quedamos mucho tiempo solos mis hermanos y yo y me asusta que algo te pase. Jamás te he dicho esto, pero yo me muero de miedo de que algo te pase, nos quedaríamos solitos mis hermanos y yo y tú eres lo único que tenemos. Vivo mucho miedo en nuestra casa, me asusta mucho, siento que hay fantasmas y todo el tiempo tengo miedo. Siento que nunca estás, que jamás te veo y la muchacha con la que nos dejas me asusta, me da asco el agua que hace y siento que está loquita por los ataques epilépticos que le dan. Ayer llegaste y nos viste a todos mojándonos en la lluvia, bañándonos en un charco de agua en la esquina de la casa. Nadie nos cuida, te enojaste mucho y nos llegaste a bañar, lo siento, mamá.

Mis hermanos y yo la pasábamos muy bien mojándonos ahí, tenemos amigos y me gusta mucho pasar todo el tiempo en la calle, en el árbol del chango y con mis amigos.

Cuando llega la noche me muero de miedo, siento mucha ansiedad en la noche. Me hago pipí en la cama del miedo y siento que te burlas y crees que yo quiero hacerme pipí, me avergüenza mucho. La otra vez dijiste que me regalarías al basurero y me sentí basura. Siento que me hago pipí del miedo y me gustaría que me hicieras sentir que estoy segura y que nada va a pasar contigo...

La carta debe contemplar estos aspectos:

- Lo que me duele como niña
- Lo que necesito
- Lo que jamás siento que ves
- Mi visión de ti como niña
- Lo que jamás te digo de lo que me pasa
- Lo que me da miedo
- Lo que me duele

CINCO

Enojo con los hombres

Una mujer Doña Huevotes busca hombres que la miren hacia arriba y no de frente.

Cada capítulo de este libro te lleva a una isla dentro de ti con aspectos nuevos para conocer, llorar, integrar y cambiar en tu interior. Cada capítulo es un apartado de sanación dentro de ti y una invitación a explorar no solo mentalmente, sino sobre todo emocionalmente lo que te hace sentir el capítulo y lo que está pasando en tu cuerpo mientras lo estás leyendo.

Esta es la isla de los hombres de tu vida y empezamos con la relación con el primer hombre, el primer amor, que es tu padre. Como ya he descrito en otros capítulos, generalmente la masculinidad en la vida de las mujeres muy masculinizadas tiene un conflicto, ya sea por ausencia o por demasiada presencia, como cuando hay un papá con una energía masculina de depredador.

Yo he hablado mucho de mi padre en mis libros, creo que es muy claro que su ausencia es una enorme presencia en mi vida, sí, aunque suene contradictorio. Es verdad que solemos conectar con hombres que representan los aspectos no resueltos con nuestro padre, hombres que de alguna manera representan ese mismo teatro primario. Representamos el teatro primario porque necesitamos reparar aspectos de esa «isla», solemos atraer situaciones y personas parecidas porque así podemos reparar e integrar algo que no se completó. Así es el trauma: se queda congelada una situación dolorosa hasta que se repara y se libera.

Por eso es muy importante entender qué tipo de persona estamos atrayendo a nuestra vida, por qué nos atraen los hombres tan femeninos, tan machos, tan ausentes, tan complacientes. El tipo de enganche que tenemos nos ayuda a ver lo que se tiene que resolver, pero en la mayoría de los casos terminamos las relaciones sintiéndonos víctimas o enojadas con los hombres ausentes, abusivos, heridos que atraemos a nuestra vida. Casi siempre se veía venir desde el principio, pero al ser una situación traumática es como si no tuvieras la capacidad de darte cuenta y actuar como adulta.

Las mujeres Doña Huevotes suelen conectar con hombres del tipo Pájaro Herido, hombres que tuvieron una relación con una madre controladora, que fueron descalificados y devorados por esa madre y que como consecuencia son dependientes de su madre o su pareja, pero al mismo tiempo están enojados y llenos de ira por la pérdida de la libertad y la posición de corta huevos que ejerció su mamá.

Los hombres Pájaro Herido son apasionados, tiernos como niños, entregados, sensibles, como hijitos bajo tus alas; te necesitan y están siempre disponibles para ti, se acoplan a tu vida, no suelen estar bien plantados en su propia existencia ni son tan productivos económicamente. Son más bien inestables, poco generadores, con complejo de adolescente o niño que jamás creció y que busca a una mamá que lo controle, pero después se enoja con ella porque lo hace.

Los hombres Pájaro Herido practican juegos donde no asumen la responsabilidad de su vida, son olvidadizos, postergan todo el tiempo, suelen no cumplir sus compromisos y evaden mucho la responsabilidad. El juego que realizan una Doña Huevos y un hombre Pájaro Herido es el juego de «atrápame»; ella jamás puede confiar en que él va a hacer las cosas porque, además, los ritmos de la Doña Huevos son muy acelerados, de tal manera que jamás da el ancho.

Ella empieza a perseguirlo, a sentirse frustrada porque no puede contar con él y empieza a resolver ella todo. Esto la empieza a frustrar, a enojar y se vuelve agresiva pasiva con él, lo pendejea y descalifica por su poca capacidad de concretar. Para él, esto termina proyectando a su madre: ya no es su pareja, es su madre reclamándole porque nunca es suficiente, así que empieza a castigarla como adolescente haciendo lo que él sabe que la saca de control.

Él no es un adulto y ella no es una adulta. Ella es una niña Doña Huevos que no sabe delegar, ser cuidada y confiar, siempre se ha sentido sola y no sabe cómo sentirse apoyada. Él es un hombre que siempre ha sentido que no es suficiente y empieza a hacer juegos con su pareja donde justo hace que se confirme eso. Es increíble cómo tenemos el talento de conectar con patrones como estos una y otra vez sin darnos cuenta de que estamos buscando reparar esto y hacer cambios en nuestra vida.

La historia de Doña Huevotes y Señor Pájaro Herido depende de su capacidad de conocer estas partes de sí mismos y hacerse responsables de su parte. Él tiene que darse cuenta de cómo llama en ella a su madre cada vez que no es confiable y no asume su parte, debe aprender a poner límites y plantarse con más autoridad ante ella.

Una Doña Huevotes necesita respetar a su hombre. Casi siempre hay dos cosas que permiten que ella no tenga la necesidad de pendejear o minimizar a su pareja. La primera es que él tenga capacidad económica y sea autosuficiente, tal vez no gane lo mismo que ella, pero no depende de ella. La segunda es que tenga buen desempeño sexual, una mujer Doña Huevos con buen sexo le baja varias rayitas a su necesidad de descalificar. Es un reto para ella aprender a respetar otro ritmo y enfoque, y un reto para él ser más claro, responsable y autoafirmado.

El trabajo personal nos ahorra mucho dolor. No se trata de no atraer a personas así: la verdad es que la masculinidad de una mujer Doña Huevos puede llevarla a conectar mucho con hombres con una sensibilidad fuerte y eso no está mal, pues nos complementan perfecto. Lo que podría estar mal es que no se hagan responsables de lo que los atrae uno del otro, que no puedan hablarse claramente y resolver cosas comunicando lo que se espera y comprometiéndose con lo que se dice. Deben aprender a respetar las distintas formas de resolver y mirar el mundo y llegar a acuerdos para no repetir la historia de toda la vida, donde ella está sola y él está ausente y no puede llenar las expectativas de una mujer.

Al final ambos aspectos de la Doña Huevos y el Señor Pájaro Herido son mecanismos de defensa y adaptación. Si logran equilibrar y poner más al frente el amor, el deseo de no dañarse, de respetarse y construir una historia reparadora, los juegos pueden cambiar y podemos desde estas partes carentes en ambos no lastimar al otro y reparar, siempre reparar.

Esto no se hace solo con buenas intenciones, es un trabajo muy fuerte de hacernos responsables de nuestra violencia y nuestro dolor. Sin consciencia la historia es simple: llegan, se enamoran, todo empieza increíble, pero al final ella lo persigue, lo pendejea; él, para defenderse, abusa, la abandona más, la enloquece en la incertidumbre de su ausencia y ambos terminan confirmando sus heridas y más grandes miedos. Los hombres son abusivos y abandonan y las mujeres son agresivas, controladoras y defensivas.

Terminan esa relación y comienzan con otra del mismo tipo o quizá con un hombre del tipo Don Huevos, otro igual a ella, competitivo, controlador, desconfiado, que no se compromete, no es vulnerable, egoísta y en su mundo propio, no dispuesto a soltar o cambiar para estar con ella. Busca que ella se adapte a su mundo, pero la Doña Huevos no es de ese tipo, y al final ella cree que no es suficiente para tener a ese hombre a su lado, para que él quiera estar con ella de manera comprometida.

El Don Huevotes no está en la disposición de perder su defensa y entregarse a una relación con una mujer que lo hace sentir atraído pero desconfiado a la vez, porque ella no es la típica mujer frágil que lo necesita. La Doña Huevos es una mujer fuerte que no necesita aparentemente nada y esto podría hacerlos sentir fuera de control e inseguros.

Todos tenemos mecanismos de defensa que juegan un papel importante a la hora de relacionarnos y donde se pone en juego nuestro corazón. Todos hemos sido lastimados de alguna forma, en su origen, por nuestros padres; después fuimos reproduciendo esas realidades de dolor con otras personas. Esto genera un gran miedo a ser vulnerable, soltar y confiar, y encontramos personas que se enganchan de esta manera con nuestra personalidad y generan juegos y no relaciones verdaderas.

Entonces, si soy una Doña Huevos, tengo enojo con los hombres y tengo miedo a la vulnerabilidad, buscaré las formas de mantener a salvo esta parte tan importante para mí. También tengo el deseo de ser amada y llenar mis necesidades afectivas, pero lo hago de manera segura, conectando con personas que al final jugarán mi juego y me harán volver a salir corriendo de la relación.

El Señor Pájaro Herido fue educado casi siempre por una madre Doña Huevos, una mujer que ha tenido mucho dolor con los hombres y que al tener un hijo varón de manera inconsciente proyecta todos sus temas no resueltos con los hombres de su vida. Tendrá mucho miedo de que su hijo se convierta en los hombres que la han traicionado y abandonado, esos hombres egoístas que tanto le duelen. Entonces lo educará proyectando todos esos enojos y miedos y generará dependencia y resentimiento en él.

Cuando este hombre intenta ir al mundo y ser adulto, se engancha con mujeres fuertes como su madre y empieza a practicar los juegos que conoce para sentirse amado. A veces esos juegos son reclámame, descalifícame, contrólame y golpéame, y de manera inconsciente jugará con su pareja para sentirse visto y amado por ella.

Todos aprendimos a ser amados a través de cómo nos decían nuestros padres que nos amaban. Si tu mamá estaba siempre en todos menos en ti y lograbas captar su atención generando conflictos, esa será la forma de buscar hoy la atención de tu pareja. Si tus padres te golpeaban, podrías tener una necesidad de crear situaciones de violencia para sentir nuevamente esa dinámica que aprendiste y que hoy es una forma de «amor» o de relacionarte con otros.

Yo trabajé hace muchos años con una niña que había sido sumamente abusada por su madre y su padre. Ellos la golpeaban en todo momento cuando era niña, eran unos enfermos tremendos. Su tía la rescató y trató de darle una mejor vida. En ese proceso de cambio ella se paraba en las noches a golpearse a sí misma, esto era una forma inconsciente de traer a sus padres con ella. Sus padres la veían para golpearla o abusarla y ella en esta relación de «amor» distorsionó su necesidad de amor y aceptación con lo que solía recibir de ellos, que era violencia.

Cuando tenemos muchas heridas abiertas y traumas de nuestro pasado, seguimos apegados a las figuras parentales y convertimos nuestras relaciones personales en dinámicas muy parecidas a las que tuvimos de niños con nuestros padres. Esto suena muy enfermo: pensar que si yo viví cosas destructivas hoy las voy a generar o permitir en mi vida, pero esto es una forma de vida y de relación con personas influyentes como los padres. Si sigues siendo niño herido en tu vida, seguirás atorado en las dinámicas de tu pasado, por más enfermas que parezcan.

Sobre todo, esto sucede cuando tenemos mucho dolor y heridas que nos llevaron a estar en la vida desde el sufrimiento y el no merecimiento. Esto se convierte en la vida misma, no en algo que hoy entiendes que no mereces y que no vas a permitir. Eso lo decides el día en que vas sanándote y te empiezas a mirar con otros ojos de mayor verdad, amor y aceptación.

Cuando tenemos pareja pensamos que con todas las ganas y las buenas intenciones construiremos historias de amor sanas, sin embargo, el que lleva la dirección de orquesta de nuestro mundo afectivo suele ser el dolor, y, detrás las heridas que no nos hemos atrevido a sanar. Entonces de pronto ya estamos violentando, controlando, sintiéndonos insuficientes, no poniendo límites y generando las dinámicas de «amor» que aprendimos. Vamos construyendo los guiones de vida que ya conocemos y que se reproducen una y otra vez, generando dolor y frustración.

Una persona puede dejar de ser ese mecanismo y vivir mejores relaciones, todos podemos dejar de lado esa posición de Pájaros Heridos o Doña Huevos. Hay una frase preciosa atribuida a Platón que dice: «No hay hombre tan cobarde a quien el amor no haga valiente y transforme en héroe», y conecto esta frase con la idea de que no solo somos defensa y dolor, todos tenemos también un yo verdadero que de pronto se asoma en nuestra vida y conecta con los que amas. Hay que darle espacio a otra parte de nosotros más libre y verdadera que nos permita ser valientes y enfrentarnos con nuestros propios demonios.

Si tuviéramos un poco más de relación con nosotros, nos daríamos cuenta de que somos todos personas con miedo y necesidad de amor. Seríamos más respetuosos y empáticos, eso sucede cuando haces trabajo personal y empatizas contigo, con tus padres y con los que amas. Despiertas una visión más amplia de las cosas y sales de tu miedo y tu dolor. Para construir relaciones verdaderas hace falta que te des cuenta de todas estas dinámicas y que mires con compasión desde dónde surgen, que te trates con compasión para mirar a los demás de la misma forma. Eso sería el inicio de una nueva historia.

Como siempre, todo tiene un origen y el enojo con los hombres está relacionado con el primer amor, que es nuestro padre. Él y su dinámica contigo de niña te enseña cómo recibir o no amor de los hombres. ¿Cómo te decía tu papá que te quería? ¿Qué tipo de dinámica tenías con tu padre de niña? Es importante validar todos estos capítulos de tu relación con tu padre para seguir integrando partes que nuestra niña siempre está esperando de los hombres.

En mi proceso personal me di cuenta de mi enojo con los hombres. Lo importante fue no solo saberlo mentalmente y reconocerlo, sino sentirlo, sentir lo que había significado para mí buscar hombres y en cualquier oportunidad aplastarlos, o hacerles saber que yo era mejor que ellos y que eran pendejos a mi lado. Quería asegurarme de que yo no sería tratada como mi mamá, quería protegerme de vivir relaciones de dolor y desgarre como veía en muchas mujeres. Sentir el dolor que tenía con los hombres de mi vida y el anhelo profundo de tener una figura masculina amorosa y estable fue sumamente doloroso.

Es increíble cómo vamos estableciendo relaciones sin darnos cuenta de lo enojadas que estamos con el sexo opuesto. Yo he escuchado una y mil veces decir a mis alumnas de mis grupos de sanación lo pendejos que son sus parejas y lo disminuidos y poco valorizados que los tienen. Tenemos un talento para encontrar personas que confirmen estas creencias, no porque sean pendejos sino porque son hombres distintos, con otros ritmos y enfoques que juzgamos como ineptos.

Recuerdo hace muchos años le daba terapia a una pareja con estas características. Ella era una mujer llena de energía, sonriente, sociable. Él, un tipo callado, rígido y discreto, con cara seria. Ella, ante la menor provocación, lo desacreditaba y lo pendejeaba; él jamás le ponía un límite, era de la filosofía de quedarse callado para no generar un conflicto con ella porque se ponía como loca.

Uno de los temas importantes a trabajar era el de la sexualidad, ya que él tenía eyaculación precoz y ella nunca podía disfrutar del coito. Estaba muy enojada con él por eso y era un pretexto más para desacreditarlo. Durante la relación, Joel había subido como quince kilos en cinco años, cosa que también le generaba conflicto.

Él estuvo en proceso de terapia individual y se dio cuenta de lo enojado que estaba con Cinthia y cómo la sexualidad era una forma en la que él la castigaba por todo eso que permitía, además de que cuando podía boicoteaba a Cinthia y hacía cosas para que estallara en cólera y perdiera el control. Cinthia tuvo un padre ausente y él era también ausente, en el fondo tampoco le importaba lo que ella sentía, siempre estaba ausente de alguna forma con ella. Ella se sentía sola y sumamente enojada por eso. Ella también tenía veinte kilos de más. Era una relación violenta, no se gritaban, no se ofendían, pero se daban justo donde más les dolía.

El chingaquedito

Vale la pena dedicarle al chingaquedito una parte de este capítulo de nuestra relación con los hombres. Justo porque cuando una mujer tiene la tendencia a ser fuerte y explosiva suele lidiar con muchos de estos comportamientos chingaqueditos.

Los hombres así tienen la pinta de ser muy pasivos, complacientes, bonachones, que no matan ni una mosca, lindos, serviciales, buenos e inofensivos; un pan de Dios. Casi siempre tienen de pareja a una mujer que se ve fuerte, colérica, intolerante y agresiva a su lado. Todos los juzgan como él lindo y ella la loca, la que lo controla y lo somete. Muchas mujeres piensan que sería lindo tener un esposo como él, tan lindo y pendiente de ella.

Pareciera que él está siempre pendiente de ella, la cuida y está para todo lo que se necesita, pero eso tiene su precio. El chingaquedito de la Doña Huevos es hipócrita, en el fondo está lleno de ira hacia ella porque permite, complace y no sabe ser frontal con todo lo que le molesta de ella. Tiene un juicio negativo silencioso respecto a ella, sabe perfecto lo que le molesta y aprovecha cualquier oportunidad para sacarla de su control. Por ejemplo, si ella es desesperada, él será una tortuga; si hay cosas importantes para ella, él las olvidará; en los momentos especiales para ella, hará todo lo posible para enfermarse, enojarse o hacer que pierdan belleza.

Un chingaquedito es doble cara, se ríe en silencio de ella, es pasivo agresivo y busca las maneras de castigarla, no es frontal. Recuerdo un consultante chingaquedito que hablaba de su esposa con mucho desprecio, pero con ella era muy lindo. Es como un niño que odia a su madre, de la que depende y necesita, pero que no soporta. Es terrible la agenda oculta del chingaquedito, con esa violencia pasiva que confunde porque no es el que grita, la que grita es ella. Él se queda callado, pero con el puño detrás de la espalda para usarlo con silencio y sin que nadie se dé cuenta.

Entonces todos ven que ella trae el puñal y lo clava y piensan superficialmente que ella es mala, pero no saben que él lo clava y peor, porque esconde la mano y guarda resentimiento contra ella, que luego se cobra en cualquier momento.

Una mujer que está con un chingaquedito lo sabe, pero podría ser confuso para ella justo porque todas las personas aman al chingaquedito por lo dispuesto y complaciente que suele ser. Todos ven en él el pan de Dios y no el diablo que suele apuñalar por la espalda. Yo no soporto a ese tipo de hombres, los describo y pienso en rostros de algunos de ellos que conozco y me da escalofrío porque son perversos e hipócritas.

Hasta para ser lo que uno es hay que ser valiente y honesto, no andar por la vida siendo muy religioso y en el fondo teniendo odio por la vida. La hipocresía es de lo más perverso que hay, y cuando alguien así es tu pareja y conoce las cosas más íntimas de ti, ¡qué miedo! Por eso la mujer que está con este tipo de hombres, cuando sus amigas o familia le dicen que su pareja es muy linda, en el fondo sabe que no lo conocen y que es un hijito de la chingada. Nadie es ni tan bueno ni tan malo, sin embargo, a mí me dan más miedo los que se ven taaan buenos, pienso que ese ser tan bueno compensa algo en el fondo.

No busquemos relaciones que nos vean hacia arriba, hacia arriba se ve a los padres cuando eres niño. Nosotros no merecemos tener hombres niños. Parece seguro, pero no lo es, es cruel y violento porque al final siempre estarás sola. Sola tomando decisiones, resolviendo y cargando, porque un hombre niño no carga contigo, no tiene esa capacidad.

¿Por qué conectamos con hombres así? Yo diría que por tres razones fundamentales: la primera es que nuestra energía de dar es tan fuerte que se nota y atraes vampiros; la segunda es porque tu concepto es ve por hombres ausentes, los hombres presentes son tan amenazantes que prefieres el malo conocido; y la tercera es porque nuestra hambre de hombre es tan grande que cuando llegan no les pones límites, sueles engañarte y manipularte para creer que lo que vives es lo obvio, lo normal, pero no es así.

Un malo conocido es mucho menos amenazante que aventurarte a abrirte a un hombre que te apoye, te cuide, te quiera, te haga el amor. Es más fácil enamorarte y entregarte a un hombre así y que después haga lo que tú ya sabes: que te abandone como todos; todos se van como papá, todos lastiman como papá, todos terminan siendo un peligro. Entonces mejor malo conocido, esos hombres ya son personajes muy conocidos dentro de nuestros guiones de vida y sabemos y controlamos casi perfecto la historia.

Lo más importante es saber y habitar lo que vive dentro de nosotros: saber si yo tengo la necesidad de vengar a mi madre, de defenderme de los hombres, de aplastar su hombría. Es algo que está más en tu conducta que en tus pensamientos, solemos no tener la honestidad de ver esas partes de nosotras y sentir que viven en nuestro interior. No está mal tener ese enojo, no si hizo algo indebido de la nada, es algo que tiene un porqué, pero lo que sí está mal es no saberlo, no reconocerlo y trabajar con ese enojo. Eso sí haría la gran diferencia.

Afirman los gnósticos: «Lo que sacas te libera, lo que callas te somete». Y cuánta verdad hay en esta frase.

Validando tu enojo

Hace poco recibí la llamada de mi padre, era la segunda vez en mi vida que leía en mi pantalla del celular la palabra papá. Sí, él me llamaba y como una niña me saltó el corazón, me puse muy nerviosa y no pude contestar por no saber qué hacer.

Quienes han leído mis libros saben que mi papá estuvo ausente toda mi vida, tengo muy pocos recuerdos de su presencia y prácticamente jamás he tenido una relación de hija con él. Su ausencia ha sido uno de los movimientos más grandes de búsqueda en mi vida.

Ese día, después de no contestar su llamada, mi papá me escribió en WhatsApp: «¿Cómo está mi muñeca preciosa?». Yo de plano estaba ante algo que jamás imaginé, que me mandara un mensaje así me hacía sentir muy lindo. Cuando le regresé la llamada, me preparé y cuidé mucho las expectativas de mi niña interior que no permitiría ser lastimada. Esa tarde hablé con él como nunca, estaba congruente, en una actitud distinta y fue un buen momento para mí. El papá que yo he sanado es el papá ausente de mi infancia. Actualizar la relación con él es algo que no había vivido nunca porque él no había mostrado respeto ni interés. Me gustó validar su presencia, escucharlo y sentir que podía platicarle algo de mí. Me pareció muy fuerte sentir su presencia y permitirme estar con él sintiéndome a salvo, porque hoy cuento conmigo misma y si él hace algo que no me gusta puedo terminar la llamada en cualquier momento.

Hoy sé que su ausencia no tiene nada que ver conmigo, hoy sé que mucho de lo bueno que soy me lo heredó él con sus genes, me encantan esas partes de mí que son de él. Hay muchas cosas que no me gustan, pero esta es la primera vez que siento que puedo escribir de él con amor y aceptación. Te amo, papá. Me hubiera gustado mucho tenerte cerca, tener cerca no al hombre violento y lleno de dolor, sino al hombre amoroso, sabio e inteligente que también eres. Hoy puedo ver más tu luz, nos quedamos a deber historias maravillosas, pero si existe otra vida quizá podamos disfrutarlas. Te perdono, perdono tu ausencia, tu dolor e ignorancia. Te perdono porque hoy entiendo que no tenías ese presupuesto para nadie, ni para ti mismo.

Lo más importante es validar tu enojo y darte cuenta de esto, pero no te quedes mucho tiempo ahí. Quédate lo necesario para desintoxicarte y después soltar ese enojo. Tú tenías derecho de ser amada y cuidada, no se trata de valor, siento que solemos llenarnos de vergüenza cuando sentimos el rechazo o la ausencia de nuestro padre. No es algo que tenga que ver con tu valor, es algo que tiene que ver con su valor, porque una persona que abandona a un hijo tiene un problema de valor personal.

Tu enojo es válido, tu anhelo de él es válido, tu hambre de hombre es válida, abrázala, todo tiene espacio y derecho de vivir dentro de ti y ser *maternado* por ti. Hay un tiempo para enojarnos y hay un tiempo para sentir el dolor, ese dolor es a veces un boquete, un socavón que compartimos con nuestro linaje femenino. Es un hoyo muy profundo de una ausencia de amor y conexión con los hombres y con el anhelado amor. Pero se repara, se reestablece dejando de nutrir el veneno, y solo podremos dejar de nutrir el veneno si empezamos a reconciliarnos con esa realidad que vive dentro de nosotros. ¿Cómo? Aceptándola.

Empecemos con la primera parte.

Carta de validación del enojo

Aquí te invito a escribir, a la manera de Paquita la del Barrio, todo lo que te enoja, no soportas, odias y te llena de cólera de la manera de ser y actuar de tu padre. Ojo, solemos tener tan negados nuestros sentimientos que pensamos que no tenemos nada en ese apartado, nos cuesta validar nuestro enojo, pero no tengas duda que si te das tantito permiso te va a sorprender todo lo que puedes contactar.

También es cierto que de pronto necesitamos un proceso de reconexión de esas partes que se han quedado reprimidas de nosotras mismas, así que trata de hacerlo y si no sientes que fluye date tiempo y quizá en algún otro momento del libro o de la vida quieras y necesites escribir esta carta. La vida nos lleva a situaciones donde se activan nuestras heridas, el dolor es un sabio regalo de la vida para destapar cosas que se quedaron atoradas y que son parte de tu presente, pero te conectan con tu pasado.

Te comparto esta carta que muestra un ejemplo de lo que podemos atrevernos a escribirle a nuestro padre. Siempre hay cosas que nos podemos permitir liberar cuando sentimos enojo y dolor. Puede contener todo el enojo y el dolor que te sale, al leerla podrías contactar con tus propios aspectos a sanar.

Carta al padre ausente

Querido papá:

Quiero decirte que he estado muy enojada contigo, enojada con tu egoísmo, con tu incapacidad de verme, de tratarme con cariño y respeto. Odio tu ausencia, odio tu incapacidad de darte cuenta de lo importante que eras para mí y lastimarme sin ninguna capacidad de verlo. Odio todas las veces que me dejaste esperando tu llegada, todas las veces que no estuviste conmigo en la escuela, todas las veces que no pude celebrar el día del padre y me dolía ese día, siempre por tu enorme ausencia. Odio que dejaste sola a mi mamá asumiendo una responsabilidad que también te correspondía. Odio tu posición de tener siempre la razón, tu actitud arrogante y violenta cuando crees que me conoces si nunca has tenido una relación conmigo. Odio que trates mal a las mujeres, que no pidas disculpas por lastimar y equivocarte. Odio que trates a tu pareja como la tratas, que te refieras a las mujeres como lo haces. Estoy enojada porque jamás me has hablado el día de mi cumpleaños, porque no conoces a mis hijos y no pueden tener en abuelo presente. Estoy enojada por la forma en que trataste a mi hermana cuando fue a verte y por la manera en que hace unos años te manejaste en casa de mi mamá. Odio que seas tan manipulador y creas que lo puedes hacer conmigo. Estoy enojada porque golpeaste a mi mamá frente a mi cuando era niña, porque no la cuidaste y respetaste, ella dejó todo por ti. Odio que la trataras con violencia, ella es un excelente ser humano que te amó. Odio que llegaras borracho a casa cuando era niña y nos asustaras. Odio que fueras a buscar a mi mamá así. Odio que pienses que puedes llegar a mi vida hoy y decirme lo que soy, no te lo permito. No te atrevas a faltarme al respeto en ningún sentido, no lo permitiré. Soy una adulta con capacidad de respetarme y hacer que me respeten. Ya no soy una niña, hoy solo te permito que te dirijas a mí con respeto, si quieres una relación conmigo estoy abierta, pero jamás te permitiré que me lastimes y ofendas a los que amo. Soy una persona con límites claros y no necesito que nadie me maltrate, mucho he trabajado por aprender a verme y tratarme con amor y respeto.

Date el permiso de decirle todo lo que te salga del alma, las tripas y el corazón. Creo que es un gran ejercicio terapéutico escribirlo. Puede ser una carta escrita desde la adulta que eres hoy o puedes hacer un ejercicio más potente desde la niña de ayer. Es una carta como la que le escribimos a la mamá en capítulos anteriores y que podrías dirigir como si fuera tu niña la que habla. Es más poderosa porque hay más emociones y cosas que jamás pudiste decirle y muchas cosas que puedes validar de lo que pasó.

Creo que podemos tener dentro de nosotras partes que lo odian, lo aman, le agradecen, lo necesitan y no lo quieren ver jamás. Somos un conjunto de partes, partes que lo han perdonado y otras que no. Todo depende de la circunstancia y el momento de tu vida. Yo creo que la evolución es en espiral y no es lo mismo si tu papá está vivo a si de pronto fallece, por ejemplo, todo se te podría mover, o si aparece en tu vida con un nuevo diálogo o si te lastima, todo se vuelve a mover y puedes seguir sanando esta figura tan entrañable en nuestra vida.

Sanar a tu padre es un proceso, no cierres el capítulo porque, como te dije, siempre hay oportunidad de sanar una parte más. Hace algunos años que me siento más reconciliada con los hombres, es linda la presencia masculina en mi vida, hoy tengo más hombres cerca, desde mi equipo de trabajo, amigos y pareja. Amo a los hombres y me encanta su energía.

Creo que sanar tu relación con los hombres se ve reflejado en que tienes relaciones más horizontales con ellos y te permites recibir su apoyo y cuidados. Cuando no tienes que ser tú siempre la que lleva la batuta y respetas más sus formas, visiones y maneras. Sanamos cuando no competimos con ellos ni tenemos la necesidad de demostrarles que somos mejores, cuando eres vulnerable y te abres con hombres que saben escuchar y cuidar tu vulnerabilidad.

Sabes que sanas tu relación con los hombres cuando te relacionas mejor con ellos, no los proteges ni resuelves, pones límites y cuidas la relación para no hacer cosas que después dañen tu vínculo con ellos.

Sabes que estás sanando tu relación con los hombres cuando pides y recibes ayuda de ellos, cuando eres más empática con su vulnerabilidad y la respetas, pero también respetas sus límites y el derecho a no querer ser o estar. Cuando no intentas manipular para que sean lo que tú esperas y necesitas, cuando dejas de sentir que te debes cuidar de ellos. Empiezas a entender que, como todo en la vida, la confianza se gana y no la puedes entregar a cualquiera; confiar sin haber generado un tiempo para construir la confianza es más parte de un juego para ser traicionada que una confianza auténtica.

Sabes que estás sanando cuando eres horizontal, hablas de frente, pides lo que necesitas, disfrutas de compartir, dejas de ser una víctima, pides disculpas cuando te equivocas, rompes tu ego que cree que tiene la razón para abrir la comunicación, te pones en el lugar del otro y aprendes de él y no estás buscando al príncipe que te rescate. Eso es violento con el otro, es una expectativa que niega su derecho a ser quien es.

Las mujeres también somos violentas, hay mucha violencia en nuestra manera de relacionarnos con ellos esperando tanto y jugando el papel de la princesa. Ese papel que aprendimos, donde les exigimos mucho y no somos capaces de darles en la misma medida, también violenta. Por ser mujer págame, cuídame, aguántame, tráeme, sírveme, etcétera. El papel de la princesa es una violencia velada. Sabes que estás sanando cuando dejas de imponer estereotipos y empiezas a aceptar a las personas como son y a ser tú como eres, descubrirte imperfecta y con derecho a mejorar, pero aceptas tu imperfección también.

Sanar tu relación con los hombres es salir de una posición de víctima y asumir lo que te corresponde en este juego, es sentir amor por el sol, que es el padre, la autoridad, los límites, el orden y la disciplina. Donde faltan estos aspectos en nuestra vida somos huérfanas de padre.

Este ha sido todo un proceso en mi vida y te comparto estas palabras poderosas de sanación que salen de mi alma y de todo lo que ha significado llegar a este lugar, pero sobre todo elegir todos los días regirme por estos principios:

Decreto de sanación con lo masculino

Hoy elijo recibir las presencias amorosas y sanas de los hombres en mi vida, desde el poderoso sol como símbolo de la masculinidad hasta todos los hombres con los que me relaciono día a día. Elijo recibir la belleza de la presencia masculina, respetar y aprender de su manera de hacer las cosas, sus ritmos, su visión, lo distinto me complementa y me aporta. Quiero ser un lugar seguro para que los hombres de mi vida muestren su vulnerabilidad sabiendo que serán respetados. Renuncio a cualquier posición de demanda y control, no quiero jugar ese juego ya, sé perfecto a dónde me lleva y no es a donde yo quiero llegar. Tú eres tú y yo soy yo, no tengo por qué cambiarte ni ser culpable de tus limitaciones o conflictos. Tú puedes resolver tu vida y yo puedo respetar tu derecho a manejarte como quieras. Yo no quiero ni debo cambiarte, rescatarte, decirte cómo deberías hacerlo. Si me lo pides respetuosamente daré mi opinión, pero no pretendo que hagas lo que yo pienso. Te doy la libertad de ser quien eres y amarte así, porque no necesitas ser lo que yo espero para amarte. Te acepto y elijo construir contigo y con los hombres que me rodean, con mi hijo, mi pareja, el padre de mi hija, mis hermanos, mis colaboradores, mis amigos y todos los hombres de mi vida, valoración, respeto mutuo, adultez, vínculo y amor.

Sostengo este decreto todos los días desde la adulta poderosa que lo elige.

SEIS

La Doña Huevotes y los hijos

La maternidad es un reto para cualquier mujer, sobre todo en una época como esta, cuando las mujeres tenemos un rol en la productividad de la familia y en muchos casos la responsabilidad completa de la familia. Tener un hijo para una mujer hoy implica partirse en mil pedazos por todas las exigencias que tenemos entre ser productivas, educar a nuestros hijos con enfoques más sanos para no herirlos, lactar y hasta conservar el cuerpo delgado y como si nada hubiera pasado. Lactar, por ejemplo, porque ¿cómo no vas a darles leche? Sácate la leche, congélala, regresa a trabajar, lacta en tu trabajo, a los tres meses de nacido tu bebé ya estás de regreso en el trabajo si bien te va, y ahora agrega esta responsabilidad a tu lista de cargas.

Mucho se habla de la vocación de mamá, pero eso no es un hecho inherente a ser mujer. Muchas mujeres no tienen este instinto materno, y cuando eres mamá puedes sentir que eres ajena a esa realidad. Muchas mujeres productivas hoy eligen ser mamás porque ya toca por edad, porque te casaste y tu pareja ya quiere ser papá, porque es lo que toca como mujer y muchas veces no puedes decirte realmente ni a ti misma que no es algo que en verdad te inspire y que quizá la maternidad no sea en tu caso tu pasión. Nos cuesta elegir con plena libertad lo que queremos más allá de nuestra pareja.

Me pregunto cuántas mujeres han elegido con toda libertad ser o no ser mamás. En la mayoría de los casos eliges desde lugares ajenos a ti y no te cuestionas profundamente lo que va a significar esta decisión y todo lo que implica. Solemos romantizar la maternidad y verla como algo rosa cuando en muchos casos es todo lo contrario.

Entiendo que para muchas mujeres el embarazo puede ser la mejor etapa de su vida y podrían vivir embarazadas, qué bueno si eso las hace felices, pero ¿debería de ser así para todas las mujeres?

Para una mujer Doña Huevotes la maternidad podría confrontarla con muchos demonios. Para empezar, solemos jugar un papel importante en la manutención de los hijos y nuestro trabajo es un camino de reconocimiento, seguridad, satisfacción, es un lugar de autoafirmación y seguridad muy importante. Cuando tienes un hijo, este y muchos otros aspectos que te son conocidos cambian para entrar en un rol que te es ajeno, el rol de la vulnerabilidad de la madre.

El control es un aspecto muy importante en nuestra

historia. Controlar fue lo único que nos dio seguridad y que casi nos salvó la vida. Controlar es lo que nos ha permitido ordenar y estructurar la vida que tenemos, nos permitió tomar las riendas y salir al mundo a encontrar seguridad. Es un mecanismo de sobrevivencia básico para una mujer Doña Huevotes. Hablar de soltar el control se escucha inspirador, pero muchas veces no estamos preparadas para hacerlo. Esto es un proceso y no hay que tomar a la ligera esta invitación a soltar y confiar, porque no es nada fácil y es realmente un proceso largo y paciente.

Pienso en el tema de soltar porque cuando somos madres nos enfrentamos al reto de soltar muchas cosas que solemos controlar. Es muy fuerte asumir que la que está vulnerable eres tú, la que está en crisis eres tú, la que le cambió el cuerpo y tiene que parar su mundo eres tú. Eso es muy fuerte y confrontante cuando la imagen de ti misma toda la vida fue la de una mujer que puede con todo o con la gran mayoría de las cosas y siempre se siente en control de sí misma.

¿Te has preguntado si ser mamá es tu pasión? Si ya tienes hijos, ¿desde qué necesidad interior elegiste ser mamá? Para muchas el viaje de la maternidad empieza sintiendo una pérdida de control de todo, una vulnerabilidad que asusta y un enojo con tu pareja porque tú eres la que tiene que cargar solita con todo este doloroso proceso. Por más que tu pareja esté involucrada, su papel es secundario y por lo menos al principio del proceso, nosotras somos las que cambiamos y entramos en crisis muy fuertes.

Igual que para muchas otras mujeres, tu pareja en el embarazo es una persona indeseable, lo miras con resentimiento porque una parte de ti siente que él te hizo eso y te cuesta hasta tenerlo cerca. Sientes que es su culpa que tú estés pasando esa crisis. Además, lo ves perfecto, casi como si nada: él no está vomitando, con las hormonas como tú, con el cuerpo como tú y esto puede ser un motivo para sentir que la vida es injusta.

En el acuerdo de ser padres con nuestra pareja, asumimos mayores costos y renuncias, y cuando tenemos un proyecto productivo que nos apasiona podría ser frustrante. Sientes que es injusta la vida de las mujeres porque aquí la carga no es pareja y los procesos son muy fuertes. Todo esto también cuesta más para una Doña Huevos, porque tiene que ver más con nuestra poca tolerancia a la feminidad, con sentir el cuerpo fuera de control, con soltar la chamba, bajar el ritmo, cambiar el físico, reestablecerse físicamente, cuidar, lactar y soltar la manera en que nos hemos visto hasta ahora para reinventarnos con un hijo.

Hoy quiero permitirme hablar de ese lado B de la maternidad que solemos negar. Estamos condicionadas a que es el mejor momento en la vida de una mujer, que tus hijos son lo mejor de tu vida y que no importa lo asustada que estés con el parto o la cirugía, porque vale la pena.

Que tus peques merecen tu vida entera, que es la cosa más increíble y linda que te podrá pasar en la vida, que tus hijos serán lo máximo, etcétera, etcétera, etcétera. Pero también tenemos derecho de hablar del lado B, del doloroso, silencioso, traumatizante, porque ¿a quién le vas a decir con todas tus letras que estás arrepentida, que te caga todo lo que estás viviendo y que quisieras salir corriendo?

Yo tengo dos hijos, mi hijo invierno y mi hija primavera, así son sus temperamentos. El primer embarazo fue con Bruno. Yo tenía veinticuatro años y con su llegada mi mundo cambió totalmente. Yo vivía en casa de mi mamá, trabajaba, había hecho un viaje a Egipto, mis primeros viajes internacionales pagados por mí, estaba a punto de irme a vivir sola y regresé de mi viaje EMBARAZADA. Sí, un descuido leve y pegó, de pronto eso puso mi vida y todo en otro lugar.

Fue tremendamente confrontante porque yo regresé de ese viaje terminando con el papá de Bruno. Me había bastado esa experiencia para saber que no era un hombre con el que quisiera seguir y terminamos. En fin, no entraré en más detalles porque lo he compartido en otros libros, pero en menos de un año me casé, estaba viviendo con el papá de Bruno y experimentando cosas que no estaba lista para vivir y que no elegí en consciencia.

Yo siempre he sido muy positiva y optimista. De inmediato me adapté a la situación y a tratar de controlar esta crisis en mi vida encontrando el lado bueno y poniendo buena cara. Disfruté mi embarazo, elegí estar cinco años con el papá de Bruno y darle un espacio para que pudiera estar cerca de todo el proceso y ver qué pasaba con nosotros. Cuando Bruno nació yo tenía muchísimo miedo, tuve contracciones, pero jamás dilaté, fue una cesárea y todo salió bien. Yo siempre sentí a mi hijo, desde que yo tenía un mes de embarazo sentía que era un niño, lo deseaba e hicimos muchas cosas lindas para recibir a Bruno en amor. Nos casamos, pintamos su cuarto con borregos y una granja, compramos muebles nuevos y nos mudamos a vivir juntos a un departamento lindo.

A los quince días de mi cesárea con Bruno yo ya estaba trabajando. Tenía veinticinco años y mi propio negocio. Trabajé todo mi embarazo, y una vez nacido Bruno a seguir porque la entrada económica más fuerte era la mía.

Jamás pude lactar a Bruno. Parecía que era una lucha para que tomara el pecho, era un conflicto tratar de que se enganchara a mi pecho, él sin querer hacerlo y llorando muerto de hambre. Después de varios días en esa lucha me di por vencida y le di fórmula. Me quedé con muchas ganas de sentir lo que era lactar, quería vivirlo, pero en realidad no se dio.

Así fue toda la infancia de Bruno, yo trabajando y él esperándome, cuidado por alguien o esperándome en mi trabajo. Cuando Bruno tenía cuatro años me separé de su papá, junté todo el dinero que tenía y me fui a vivir sola.

Aquí comienza una etapa de mucha lucha y trabajo, de mucha carencia, de días de no tener dinero para nada o casi nada. Yo sabía que iba sola con mi hijo y que su papá no iba a asumir ninguna responsabilidad económica. Yo empecé un negocio de cursos y talleres con su papá y cuando me fui se lo dejé. A la fecha es con lo que él sobrevive.

Yo tenía que hacer crecer mis propios cursos para sacar adelante a Bruno. Yo sabía vender los cursos, pero ahora yo los tenía que dar también, porque antes los daba el papá de Bruno. Yo fui construyendo mis cursos de autoestima para mujeres y daba clases embarazada. Tenía algunos grupos y era una época en la que viajaba los lunes a Satélite, los martes al Pedregal, los miércoles a Polanco, los jueves y todo el fin de semana a Coyoacán. Daba cursos y talleres y participaba de forma altruista en una escuela de filosofía en Coyoacán, donde daba conferencias gratuitas y actividades culturales.

Recuerdo esa época corriendo, haciendo y haciendo sin parar, entre mi trabajo, Bruno, la escuela de filosofía, mis estudios, fue una época en la que subí como quince kilos. Aunque mis propios cursos me ayudaban a estar despierta, vivía desconectada de mí y haciendo muchas cosas para complacer y sobrevivir.

Fueron épocas donde recuerdo poco o nada el sentarme a jugar con Bruno. Eso sí, toda su infancia le conté un cuento antes de dormir, pero creció con una mamá que buscaba sobrevivir y salir adelante para él, para nosotros, éramos él y yo. Fui una mamá como la mía, que trabajó e hizo todo para que nada nos faltara, pero poco accesible. Obvio uno no puede ser todo, hoy después de mucha culpa y arrepentimiento lo entiendo. Yo debía hacer un patrimonio y una estabilidad económica, no pude más, no alcanzó, y me perdono por eso. Me siento orgullosa de todo lo que he hecho, de todo el camino transitado con tanto esfuerzo y valentía. Hubiera querido ver más a mi hijo, jugar, disfrutar su niñez, pero hay muchas cosas que uno quiere y no puede.

Desde el nacimiento de Bruno mi proceso de crecimiento se disparó y mi hijo fue un impulso y la inspiración en mi camino. Me hice imparable. Hoy pienso que todo tiene un porqué y un beneficio. Hoy, después de veinte años desde que Bruno nació, veo en lo que me he convertido y que gracias a todo lo que pasó tal como pasó pude ser lo que ahora soy. Claro que en ese momento es duro, es muy difícil, pero al final gracias a mi Doña Huevos pude lograrlo y salir victoriosa un día a la vez.

Te comparto mi experiencia con el corazón en la mano porque sé que muchas mujeres pasamos por todas estas cosas; no pretendo hablarte desde la experta sino desde la mujer. Soy una mujer que ha caminado estas rutas y quiero compartirlas contigo. Quizá en eso que puedo nombrar como lo nombro hoy hay algo para ti, para que encuentres paz, esperanza e inspiración.

Escribir es un don que Dios me regaló. Acomodar experiencias tan complejas y dolorosas que viven en silencio dentro de nosotras mismas y ponerlas en orden de manera práctica para que al leerlas puedas integrarlas es parte de un objetivo importante.

La maternidad en mi caso no empezó de la manera más inspiradora, empezó como una ola que me revolcó y cambió todo mi mundo. Mi hijo es un ser especial, desde muy chiquito tuvo un temperamento muy definido y una personalidad muy clara. Es muy cuestionador, crítico, sensible, profundo, filosófico, noble, un excelente amigo.

Mi niño invierno. Lo llamo así por esa tendencia a ir a su mundo interno y ver las cosas grises, sin adornos. Bruno ve las cosas crudas y yo siempre las quiero ver cocidas. Hoy está viviendo su aventura estudiando en París y tengo el orgullo de apoyarlo en sus estudios allá. Es valiente, pues no es nada fácil vivir en países tan fríos en todos los sentidos, pero ya está viviendo y escribiendo su propia aventura. Aquí estoy para él y como siempre le digo: «Al infierno y de regreso por ti, hijo, siempre me tienes». Así ha sido desde que nació.

Los hijos son vínculos tremendos, siento que gracias a mi hijo tuve rompimientos muy fuertes y crecí. Después de quince años de nacido Bruno elegí ser mamá de Isabella y darme una nueva oportunidad en la maternidad. Yo no quería, al principio, cuando mi pareja me lo propuso, no me parecía que necesitara esa experiencia, pero al final elegí que sí. Me quité mi dispositivo y quedé embarazada casi a la primera.

Isabella es una hija nacida en una circunstancia distinta. Ya no había que correr tanto, había pensado por un año si quería tenerla, me había dado el tiempo de imaginar cómo sería mi vida con ella, deseábamos una niña y nos preparamos en todos los sentidos para recibirla.

El papá de Isabella la pensó, la deseó, la pidió y se le concedió. Yo recuerdo mi maternidad distinta, estaba muy apoyada por una pareja con la que llevaba más de diez años de matrimonio, nos conocíamos muy bien, teníamos estabilidad económica y emocional. Todo era un mejor escenario.

Yo sabía que tenía que poner pausa a muchas cosas, pero vivirlas fue diferente. Empecé a sentirme frustrada, enojada por momentos de que no fuera él el embarazado. Si él era el que tenía tantas ganas, ¿por qué no era él el embarazado? Todo mi cuerpo, mi energía, mi ánimo era otro. En fin, una cosa es saber y otra es vivir. Tuve un buen embarazo, pero no dejé de sentir que era injusto que él estuviera como si nada.

La verdad es que siempre estuve bastante activa, siempre trabajando hasta el final. En los últimos dos meses del embarazo escribí mi libro *Transforma las heridas de tu infancia*. Yo no estaba pensando en parar mis cosas, la verdad es que cuando elegí ser mamá pensé que iba a poder con todo, no estaba pensando en parar mi trabajo y disfrutar esa etapa gestando. Yo ya traía el chip Doña Huevos y cuando nació Isabella, ya me andaba por irme a trabajar y recuperar mi normalidad. Maquillarme, peinarme y volver a sentirme yo.

Estudiamos un curso psicoprofiláctico para tener un parto en agua; si ya había elegido ser mamá, entonces quería amamantar, tener doulas, parir en agua y disfrutar todo el proceso con mi expareja. Pero uno propone y Dios o la vida dispone: ni parto en agua, ni lactancia, ni una experiencia como la pensé. Tenía contracciones sin dilatación, estuve acompañada de mis dos doulas todo el tiempo, pero en el quirófano me hicieron una cesárea.

Siento que la vida se ríe de nuestros planes, sobre todo en el terreno de los hijos. Uno piensa y planea mil cosas que al final son totalmente diferentes. Cuando nació Isabella tenía un máster de la liga de la leche para garantizar la experiencia única de la lactancia, pero ella no quiso el pecho y jamás se enganchó.

Me frustraba muchísimo darle la fórmula, me exigía y esperaba tanto. Yo era una mujer de treinta y ocho años, ahora sabía muy bien lo que quería de la experiencia, pero eran puras imposiciones e ideas sin dejarme fluir a lo que en verdad estaba pudiendo con mi cuerpo.

Ahora que soy mamá de Isabella en modalidad madura y consciente es también difícil, porque ahora tengo que lidiar con mis imposiciones e ideas preconcebidas de lo que hoy sé y leo y enseño. No creas que te voy a escribir

la historia del antes y el después ya en madura y maravillosa, no, ahora es también difícil porque muchas de las
cosas que entiendo y sé que debo ser no soy. Porque soy
una persona consciente de la importancia del vínculo con
mi hija y a veces no me alcanza para sentirlo, para parar
a esa Doña Huevos que siempre trae cosas pendientes en
la cabeza y soltar todo para solo mirarla, escucharla y
vincularme con ella.

Mi vida se quedó deprisa, soy una mujer con mucha
energía y siempre quiero hacer todo y que me alcance
para todo. Esa es la filosofía de vida de una Doña Huevos. Entonces, cuando uno busca en verdad conectar con
sus hijos lo debe hacer tirando todas las cosas que uno
trae encima para estar ligeros y presentes en el contacto.

Hoy lo busco y lo necesito de manera muy consciente
con mi hija. Busco soltar todo para solo estar con ella,
pero sin duda es un logro. Ahora Isabella es hija de una
mujer exitosa, con una academia, con muchos proyectos
y sueños. Yo amo lo que hago, es el eje de mi vida y para
ser honesta no lo dejaría por dedicarme a ser mamá. El
tiempo que le doy a Isabella es el que puedo darle no solo
por todo lo que hago, sino por mi propia capacidad de ser
paciente y estar presente.

Es muy fuerte aceptar que saber no es ser, y yo sé que
ser madre es una serie de cosas que a mí la mayoría de las
veces no me alcanza. No soy asertiva todo el tiempo, mucho menos paciente, no siempre tengo ganas de jugar a la

comidita, no es mi naturaleza y mis deseos están en otro lugar. Sí, sé que yo elegí ser mamá y no me arrepiento, pero soy la mamá que puedo ser y hoy aprendo a dejar de lado mis ideas para aceptar lo que soy y vivirlo con más paz.

Soy la mamá que soy. A veces no me alcanza para tenerle paciencia y querer estar con ella, hay veces que quisiera estar haciendo mil cosas diferentes en vez de llevarla a jugar al parque. Mi hija me inspira, tiene temperamento fuerte y la veo con una ternura con la que no veo a nadie. Es mi espejo en muchos aspectos y por eso hoy quiero estar atenta para darle el derecho a ser ella sin pasarle la estafeta Doña Huevos. Es todo un reto porque ya lo trae en el ADN: casi no se enferma, se identifica con la guerrera, se cae al piso y se levanta digna diciendo que no le dolió, es físicamente fuerte y muy competitiva.

Mi hija Isabella es libre, entusiasta, afectuosa, siempre hace amigos y es un cascabel donde vaya. Mi hija primavera. Tiene un vínculo muy fuerte con su papá, cuando tenía dos años me separé de su papá en amor, acordamos que él la vería solo los fines de semana. Después de un evento importante de salud de su papá, cuando se recuperó le propuse que tuviéramos a Isabella siete días y siete días, porque yo quería que él la viera crecer en cotidiano y él aceptó encantado.

Siento que cada uno de nuestros hijos trae un regalo bajo el brazo, esos regalos a veces duelen, a veces los rechazas y te arrepientes diciéndote: «¿Cuándo pensé que era una buena opción ser mamá?». Pero justo eso nos demuestra que esos regalos son profundos e importantes para el alma.

Mi hija me invita a estar presente, a mirarme en ella con ternura y merecimiento, a disfrutar su ser niña, acompañarla en su ser coqueta y femenina, que le encanta. Me siento muy orgullosa de tener la posibilidad de que ella viva con más espacio para ser ella misma. Ella es una niña, no tiene que cargar a sus padres, no tiene que defenderse de la vida, no tienen que sentir miedo de ser niña ni ve a su mamá o papá como personas que debe cargar o que son poco confiables. Ella no carga nuestros costales, su papá y yo hacemos lo nuestro, ella carga los suyos y con eso tiene.

Nuestros hijos ya traen sus propios retos, no necesitamos cargarlos más. Ya traen sus dolores en el ADN, pero sí podemos aligerarles la carga haciéndonos cargo de lo que hoy nos toca para darles el derecho de ser lo que son.

Ejercicio sanador

Te invito a escribir los motivos por los cuales quieres ser mamá o fuiste mamá, cuáles eran las circunstancias en que tuviste a tus hijos si es que hoy tienes hijos. Pregúntate con honestidad si lo elegiste desde la libertad o había algún tipo de presión por la edad, las expectativas de tu pareja, o pensaste que ya te tocaba. ¿Por qué la maternidad es tu pasión?

Te invito a darte permiso de escribir tu lado B, créeme, será sanador.

Doña Huevotes y el hijo varón

Cuando tenemos experiencias dolorosas con los hombres, cuando hemos relacionado ser hombre con ser *abandonador*, violento o infiel, cuando sentimos desconfianza por los hombres, enojo y heridas de abandono, ¿qué crees que podría pasar si tenemos un hijo varón y además se parece mucho a su papá? ¿Tendremos toda la claridad de separar? ¿Podremos educar y darle su derecho de ser hombre? ¿Cómo hacer para no terminar proyectando en tu hijo varón todo lo no resuelto con tu padre y con los hombres de tu vida? Te invito a leer lo que sigue, vas a ver que esto se va a poner bueno.

Hagamos un ejercicio de imaginación, piensa que estás frente a una pantalla y está a punto de comenzar una película. Solo tú estás frente a ese cine imaginario y en la pantalla corre una película que dice: *Los hombres de tu vida*. Empiezan a correr imágenes de todos los hombres importantes de tu historia. Observa qué tipo de dinámicas has permitido y generado con ellos. ¿Has contado con ellos? ¿Han sido amorosos y protectores? ¿Qué tipo de historias ves en esa película y cómo le llamarías a esa historia? ¿Duele lo que estás viendo en tu memoria? Desde tu padre, tus abuelos, hermanos, tíos, exparejas, jefes, amigos, ¿hay algo que es una constante en todos? Date un espacio para sentir cómo se ha escrito la historia de tu relación con los hombres.

Creo que es muy importante darnos cuenta de qué tipo de relación generamos con los hombres y cuál es nuestro concepto de ser hombre. Describe a continuación todas las ideas que te vengan con base en la película de los hombres de tu vida del ejercicio anterior, todo eso que viste en los distintos hombres de tu película. Escribe lo que recibes de ellos en general: ausencia, no ser vista, egoísmo, abandono, traición, manipulación, desprotección, cobardía, irresponsabilidad, fragilidad, violencia, rechazo, demanda, ser utilizada..., estos son ejemplos. Te invito a copiarlos si te sientes identificada y a poner los tuyos.

Todo esto que escribes es tu concepto de ser hombre; si no trabajamos por sanar este concepto, será lo que termines proyectando en tu hijo varón.

Si eres honesta con lo que sientes, todo esto que escribes duele mucho. Es muy duro sentir la necesidad de tener el amor de un hombre y terminar recibiendo lo mismo siempre. Esto es porque estamos predispuestas a esto y de alguna manera inconsciente lo generamos, conectamos con hombres así sin darnos cuenta y jugamos a vivir una historia que ya sabemos cómo va a terminar.

Todo eso que hoy te duele, necesitas y te enoja de tu relación con los hombres podrías cobrárselo a tu hijo sin darte cuenta. Por un lado, podría ser cobrado a través de demandas de lo que él debería de dar, de ser o no ser, poniéndole el título de hombre de la casa, cargándolo de responsabilidades que no le tocan ni está listo para llevar a cabo, exigiéndole que actúe como hombre, pero con enojo y demanda.

Otra forma de cobrarle la factura sería el polo opuesto: como los hombres de tu vida son ausentes, le enseñas a serlo y no le pides, descalificas su capacidad, lo sobreproteges, lo pendejeas cuando hace las cosas a su forma y no a la tuya. Por ejemplo, le pides que limpie algo y tú llegas a volverlo a limpiar porque no te gustó cómo lo hizo, eso es descalificar. Como las cosas no van al ritmo que tú esperas, lo pendejeas y, ojo, no tienes que decirle que es un pendejo, pero sí se lo haces sentir y eres desesperada e intolerante.

Esto suele pasar cuando te das cuenta de que no son niños y se empiezan a convertir en hombres. De manera inconsciente los haces dependientes de ti para que no te abandonen como todos los hombres de tu historia, o les pones una chinga violentándolos por todo tu enojo no resuelto. Si estás leyendo esto y te estás dando cuenta de que lo haces o lo hiciste con tu hijo, te invito a no emplear el juego de la culpa. No se trata de eso porque la culpa genera más juegos. Se trata de mirar con compasión tu dolor con relación a los hombres y reconocer que puedes hacerte cargo de esto y trabajarlo.

No es cosa menor haber tenido un padre ausente, violento, infiel o como lo hayas tenido. No es cualquier cosa haber tenido relaciones con hombres dolorosos desde tu esquema de lo conocido, tienes derecho a sentir tu dolor y enojo, es parte de tu historia, pero hoy tu hijo te invita a sanar todo esto y a no castrarlo de manera inconsciente.

Creo que este es el caso de muchas mujeres que «cosen» a sus hijos a sus faldas o los castran en su virilidad. Los hacen dependientes de ellas y los tratan como niños siempre justo para que no se conviertan en hombres.

Resuelve, carga, sobreprotege, sé mucha madre para tus hijos varones, no les exijas, contrólalos, hazlos inútiles, descalifícalos cuando hagan las cosas, termina resolviendo tú todo, juega al yo todo lo puedo, no reconozcas sus talentos, sé desesperada y seguro tendrás la profecía autocumplida de tener hijos ausentes, violentos, incapaces, que no te ven y que son como todos los hombres de tu vida.

No es que todos los hombres sean iguales, es que generamos estas dinámicas hasta con las parejas. Conoces a un hombre y empiezas a ser la que elije, compra los boletos, le ayuda en el trabajo o se lo consigue, empiezas a permitir, a no pedir ayuda, a venderte como la Doña Huevos, y en un tiempo ese hombre ya no será tu hombre, será tu hijo. Profecía autocumplida: los hombres son así y así los quiero hacer, malo conocido es menos amenazante.

Pienso en lo duro que es vivir en la inconsciencia, las realidades que vamos generando para nosotras y para los que amamos son muy fuertes desde ahí. Si eres consciente de todo esto jamás lastimarás a tus hijos ni los harás frágiles y dependientes. Lo que más quieres es recibir la presencia de un hombre sano y amoroso, pero con sus límites y derecho a ser libre.

Muchos hombres están muy enojados con mujeres que los educaron en la cultura de la Doña Huevotes desde estos lugares dolorosos. Ellos hoy tienen también un trabajo que hacer para perdonar a su madre por haberlos educado así, ella lo hizo desde el dolor y sus heridas. Es importante que él pueda recuperar su autonomía, límites y masculinidad; que deje de buscar madres que todo le resuelvan y le den chichi.

Es el Señor Pájaro Herido del que hablamos en el capítulo de los hombres de la Doña Huevos. Lo primero de lo que debe darse cuenta es que él busca esos juegos con las mujeres, que él está generando desde su propia descalificación de sí mismo su dependencia. Tienen que reconciliar sus recursos y capacidades.

Sí, se puede recuperar la autonomía y la masculinidad, pero es un trabajo de crecimiento importante. Debe renunciar a su derecho de tomar chichi y reclamarle a su mamá sus problemas emocionales. Tomar decisiones propias, empoderarse, sanar su autoconcepto y entender que no es una víctima de nadie, le toca aprender a autoafirmarse y ser libre.

Cuando se quedan atorados en el reclamo es parte de la misma historia de no tener las ganas de crecer; el reclamo es del niño que no quiere crecer y hacerse adulto. Es como si dijera «Ahora sigo teniendo mujeres Doña Huevotes que controlen mi vida aunque me lastimen y me abandonen», pues no soporta que devoren su autonomía sin darse cuenta de que es él quien se las entrega al no querer asumir la responsabilidad de su vida. Olvidadizo, postergador, inestable, sin palabra, desordenado, informal, impuntual, evasor de la responsabilidad, todo esto hace enloquecer a una Doña Huevos que necesita controlarlo todo.

Para darles autonomía a tus hijos debes confiar en su fuerza, en su capacidad, que puede ser muy distinta a la tuya, en su derecho a vivir y elegir desde sus esquemas a poner límites y no resolver todo, a reconocer sus cualidades y darles espacio para crecer.

Una de las experiencias más aleccionadoras para mí este año fue que mi hijo Bruno se fue a estudiar a París. Yo lo llevé y pensaba que llegaría a París, encontraría un departamento en unos días, lo instalaría, se quedaría perfecto y yo me iría de viaje. Encontrar departamento en París no es nada fácil, así que estuvimos buscando, pero no encontré, así que tuve que rentar un Airbnb y dejarlo ahí. Cuando me fui al aeropuerto para viajar a Suiza iba en pánico, llena de miedo, las lágrimas se me salían sin control, pensaba que algo le pasaría y que lo estaba abandonando en otro país. Fue inesperadamente durísimo, yo no estaba preparada para ese dolor, yo pensé que lo iba a dejar ya instalado y me iba a ir, sí, con dolor, pero nada muy grave.

Lo solté y me desgarró. He tenido que aprender a dejarlo crecer, a enfrentarse a sus responsabilidades, a su forma oscura de ver la vida, a la manera en la que hoy quiere y puede vivir esa experiencia. No lo cargo ya, pero me costó. Me costó respetar su estado de ánimo, su ritmo para resolver las cosas, solté y siento que me dolió pero me liberó. Me enteré de que mi hijo ya no es un niño, es un hombre de veinte años que está viviendo en otro país, aprendiendo a tomar sus decisiones, asumir sus responsabilidades y administrarse. Es libre, puede hacer lo que quiera y vivir. Claro, depende de mí económicamente todavía, pero está empezando a sentir responsabilidades que en casa jamás hubiera vivido. Estoy convencida de que es la mejor decisión que hemos tomado, me abrió un panorama de la relación con mi hijo que no había visto del todo cuando él vivía conmigo.

Me estoy preparando para establecer una relación de libertad con él, de mejores límites. De hacerle saber que tiene mi apoyo siempre, pero que ya no depende de mí lo que sigue en su vida, depende de sus decisiones y de lo que esté dispuesto a hacer o no. Mi hijo ya no vive conmigo, elijo soltarlo y que sea lo que él decida. Se dice fácil, pero ha dolido mucho aceptarlo y dejarlo ir. Siento que cuando somos las responsables únicas de nuestros hijos el amor puede tener más apego, los sentimos más nuestros, me siento feliz de que él eligiera irse y de apoyarlo.

Nuestro hijo tiene derecho a ser hombre, ser hombre

no es todo lo que hemos aprendido, necesitamos aprender a abrirnos para cambiar nuestro concepto de ser hombre y aprender de hombres sanos que podamos observar y conocer. El papá de tu amiga, tu jefe, los papás de la escuela, tu terapeuta, etcétera. Sí existen hombres que son inspiradores, que tienen su energía masculina más sana, más reconciliada. Hay que integrarlos y ampliar nuestro concepto de los hombres de nuestra vida para recibir su presencia y sobre todo para no crear en nuestros hijos los hombres de nuestros esquemas.

Los hombres con sana masculinidad son sensibles, confiables, saben poner límites, eligen lo que les gusta, son afectuosos, disponibles emocionalmente, no son sacrificados. Tienen vida propia y disfrutan siendo quienes son. No hacen todo por su familia, hacen lo suficiente pero no se mutilan por los demás. Saben reconocer cuando cometen errores y también asumir su responsabilidad, pedir disculpas y reparar. Son agudos mentalmente, necesitan pensar con claridad. Tienen espacios propios y *hobbies* para disfrutar. Son independientes económicamente, comunican lo que piensan y sienten, y saben amar y cuidar lo que aman.

Esto es lo que creo, espero no idealizarlos, si es así les pido disculpas, pero yo sí veo hombres así. No deben tener todas las características ni ser siempre así, pero nosotras tampoco lo somos. Creo que hombres y mujeres deberíamos de acercarnos a esta descripción de mujeres y hombres más sanos, más libres, más adultos.

Escribo estas palabras sanadoras que te invito a leer sintiéndolas y haciéndolas tuyas. Las palabras sanadoras están escritas con verdad y con alma y tienen una alta frecuencia. Repítelas lento y en voz alta, observa lo que sientes al leerlas y quédate habitando un poco de tiempo su vibración. Si mueven tu alma están curando una parte de ti, date tu tiempo para recibirlas y hacer que lleguen hasta donde deben y tocar el fondo de tu dolor y la relación con los hombres.

Puedes escribir tu propio decreto una vez que conectes con estas palabras y les des un poco de silencio y espacio. Te invito a escribir si es algo que te nace. Escríbele a tu hijo lo que te gustaría decirle y lo que te sale del corazón más allá de tu dolor. No importa si le entregas esa carta, la verdad es que solo con escribirla y sentir lo que estás escribiendo ya estás curando el campo que te conecta con tu hijo. Hay un hijo de amor que, sin importar la distancia y el tiempo, limpia el vínculo que tienes con tu hijo, y eso ayuda. Sobre todo cuando la relación con tu hijo lleva tiempo rota justo por toda esta dinámica de enojo y violencia.

Decreto a mi hijo varón

Hoy en un ejercicio de amor y consciencia
quiero que sepas
que ser tu mamá ha sido un reto
y un aprendizaje para mí,
yo he tenido una relación dolorosa
con los hombres de mi vida
y un día me di cuenta de que tú también
eras hombre y me dio mucho miedo,
miedo de ser abandonada, a no ser vista
y reconocida por ti.
Sin darme cuenta te he pasado esas facturas
de dolor que no te tocan,
mi herida de abandono aún duele y a veces
no me deja pensar con claridad.
Te pido perdón por las veces
que desde mi dolor te he lastimado,
lamento que te haya hecho sentir una mala persona
y en ocasiones te haya debilitado
con mi sobreprotección.
Eres un hombre con derecho
a vivir una masculinidad sana,
te libero de mi enojo con los hombres, eso no te toca,
no tienes que ser lo que yo espero,
puedes escribir tu propia historia
sabiendo que eres poderoso y merecedor

de ser respetado, admirado
y amado por las mujeres de tu vida.
Gracias por permitirme ser tu mamá,
te libero de mis expectativas
y te otorgo el derecho de elegir
la vida que quieres y asumir las consecuencias,
confío en tu fuerza, inteligencia y capacidad.
Eres respetado por mí y hoy elijo aprender
día a día a amarte en amor y libertad.
Gracias por el don de verte crecer, te amo, BRUNO.

Las hijas de Doña Huevotes

Es distinta la forma en que podemos relacionarnos con nuestro hijo varón que con nuestra hija. Aquí cambian los esquemas, aquí no ves a los hombres de tu vida, te ves a ti, ves a las mujeres y tu concepto de serlo. Cuando nos proyectamos en nuestra hija podríamos rechazar su ser mujer y no permitirle llorar, quejarse, enfermarse, ser débil, le diremos que es exagerada, que no sea tan víctima y sentir enojo por su posición de niña.

¿Cuál es tu concepto de ser mujer? Ahora te invito a hacer otro ejercicio de imaginación donde estás en una sala imaginaria y frente a la pantalla comienza la película, pero ahora de las mujeres de tu vida, aquellas que amas y han impactado en tu historia. ¿Quiénes estarían en esta película y qué tipo de mujeres son? ¿Hay un patrón en ellas? ¿Son un modelo de mujeres inspiradoras? Todas ellas conforman tu concepto de ser mujer, esto es lo que podrías esperar de tu hija.

Quiero pedirte que observes en tu caso cómo es tu concepto y tu relación con las mujeres, si es cercana, si las amas, si es nulo, si casi no tienes vínculo afectuoso con ellas, si la mayoría son víctimas y dependientes, si tienen hambre de hombre. Esto es lo que va a influenciar en el derecho que le des a tu hija de ser y lo que vas a esperar de ella.

Si en tu esquema las mujeres sufren o son dependientes, de alguna manera le trasmitirás esa visión. Si las mujeres no se quejan y están solas, también. Nuestra madre y nuestra abuela pesan en nuestra historia, casi siempre en sus historias debemos observar lo que creemos de ser mujer y tenerlo muy consciente para darle a tu hija la libertad y el derecho de ser quien es.

En mis cursos con mujeres Doña Huevos observo que la relación con sus hijas es muy conflictiva, no les permiten enfermarse, victimizarse; desde muy chiquitas las educan con altas expectativas, en la posición de desconfiar de los hombres y de ser muy autosuficientes. Las rechazan cuando muestran inseguridad, pero en la mayoría de los casos son muy dependientes de sus madres en la relación de amor y odio. De alguna manera toda la exigencia que tienes contigo terminas proyectándola y no ves la naturaleza de tu hija, sino que ves lo que crees que es correcto para ella.

Podrían ser unas practicantes Doña Huevos fuertes y controladoras desde chiquitas, o todo lo contrario, el espejo de la víctima que jamás te permites ser y de la fragilidad que jamás escuchas en ti. Imagínate que eres una mujer fuerte, resolutiva, independiente y de pronto ves a tu hija insegura, frágil, permisiva, pasiva. Esto pasa también, nuestros hijos reflejan lo disminuido o lo aumentado de sus padres.

De tal forma, si lo aumentado en ti es tu autocontrol, por ejemplo, tu hija podría ser todo lo contrario al control, personas fuera de control en su vulnerabilidad y desbordadas en ellas mismas. ¿Esto es tu culpa o depende de ti? No, pero sin duda si no sueles permitirte la tristeza y tienes una hija depresiva lo que viene a enseñarte tu hija puede ser una lección sumamente dolorosa si te resistes y peleas con eso.

Solo es matemática y la ley de la vida. No es un castigo ni la mala onda de la vida vengativa. Si hay algo en desequilibrio la vida buscará ponerlo en equilibrio. Es una ley que vemos claramente en el funcionamiento de nuestro cuerpo: si al cuerpo le falta hierro, por ejemplo, buscará hacértelo saber para que se te antojen los alimentos que lo contienen y así equilibrar de nuevo. Somos un solo cuerpo en el vínculo con los sistemas a los que pertenecemos, todo lo que nos sobre o nos falte como sistema, los miembros de la familia serán los medios para equilibrarlo.

Así que no tengas duda que tu Doña Huevos es parte de un equilibrio de tu sistema o una confirmación de una energía que está muy presente en ella, y podrías tener una hermana que es todo lo contrario a ti y que esté representando lo negado del sistema o la otra parte de él.

En muchos casos la hija de Doña Huevos se enoja tanto con el control de la madre y su forma de resolver que se pone en huelga en contra de ella y sus expectativas. Se pelea con su propia fuerza para castigarla con su pasividad. Cancelará en sí misma todo lo que siente que es su madre, ella no quiere ser su mamá. Esto es toda una prueba para la Doña Huevos, porque si la persigue y busca cambiarla ella agudizará más su comportamiento, el rechazo a su madre y, con ello, a todo lo que represente. La prueba está en ver a tu hija no bajo el lente de tus expectativas y cuando ya son mayores de edad soltarlas, dejar de nutrir el enojo que ellas sienten por tu control y tus imposiciones. Eso solo puede pasar si le das espacio y la respetas.

También vale que pongas tus límites; tu distancia y la libertad son la mejor medicina. Acepta a tu hija como es: tu hija tiene el derecho a ser quien es, conoce su temperamento, obsérvate en los momentos que pierdes el control con ella, aprende a dar espacio a su ser mujer como ella pueda vivirlo. Creo que la relación con su cuerpo, con su sexualidad, con los hombres, con su trabajo y más adelante con lo que ella irá eligiendo serán siempre un aprendizaje y un camino para seguir creciendo tú con ella. Un hijo es el vínculo más poderoso en la vida, jamás dejamos de estar conectados con ellos, aunque los dejemos de ver. Yo tengo una amiga que su pareja se llevó a sus hijos y los ha dejado de ver, pero jamás ha estado desconectada de ellos.

Ejercicio sanador

Te comparto unas palabras del alma que dedico a mi hija Isabella pero que puedes hacer tuyas. Las palabras sanadoras están vibrando en una frecuencia de amor y al pronunciarlas te conectas con esas frecuencias. Pensé en ella al escribirlas, pero también pensé en ti que hoy estás buscando sanar la relación con tu hija. Léelas en voz alta y al final pronuncia el nombre de tu hija, cierra los ojos y permítete sentir unos minutos la fuerza de lo que estás sintiendo e imagina a tu hija frente a ti. Siente que estas palabras se las dices a ella y que al cerrar tus ojos una luz las envuelve de amor y reconciliación.

Siente esto en tu cuerpo y toca con la mano tu corazón y tu matriz. Quédate unos minutos sintiendo que la energía se conecta en tu corazón y pasa también por tu matriz, generando conexión y sanación. Si hay algo que necesites decirle a tu hija mientras estás en este estado de conexión, hazlo, imagina que está frente a ti y dile en voz alta lo que necesitas decirle desde lo que estás sintiendo. No dejes de mirar lo que estás sintiendo y acompaña todo el tiempo este ejercicio con presencia y conexión.

Si después de este momento te gustaría escribirle una carta a tu hija, hazlo; estás en toda libertad de entregársela en algún momento si te sientes lista para eso.

Decreto a mi hija

A Isabella

Tú eres tú y yo soy yo, tú no naciste
para cumplir mis expectativas
ni para ser lo que yo jamás pude ser
o lo que he luchado siempre por ser.
Te permito crecer con derecho
a ser quien eres en libertad,
aprender a conocerte día a día
y respetar tu naturaleza.
Elijo no cargarte de mis hambres
y frustraciones y nutrirte con
el ejemplo de una mujer que se ama
y se respeta cada día más.

Deseo que sea inspirador para ti
y que te sientas un día orgullosa de ser mujer.
Venimos de un linaje de mujeres luchadoras
que aprenden día a día a sanarse,
tú llevas esa fuerza en tu alma
y puedes recibirla con paz y orgullo,
no te impongo mi visión de la vida,
entiendo que quizá
esto que yo creo de la vida
no es lo que tú debes creer.
Te comparto con
amor lo que pienso, tómalo o no,
estás en completa libertad.
Tienes derecho a ser amada,
cuidada y respetada, nunca lo dudes
y sé una mujer fuerte pero nunca
a costa de ti misma, sé fuerte
para regalarte la vida que mereces,
te amo, hija, admiro mucho tu alma,
gracias por regalarme la oportunidad de verte crecer.

Lo que hay que observar es no actuar como mamá en los extremos, en el extremo de ser sobreprotectora con tus hijos y resolverles la vida para que ellos no vivan las cosas tan duras y difíciles que tú viviste. En ese malentendido terminas incapacitando su propia habilidad para resolver y crear resiliencia para la vida y tal vez motives la frustración. Ese extremo los hace dependientes de ti y necesitados de tu aprobación, pero los incapacita para ser personas exitosas que vuelan con sus propias alas.

La tolerancia a la frustración es necesaria porque es la fuerza para persistir cuando no te salen las cosas, y la resiliencia para enfrentar los *no* y seguir en el camino. Las cosas no salen como quieres y fracasas, pero la capacidad de levantarse y volverlo a intentar o enfrentarte a lo que sabes que puede fallar y estar dispuesto a aprender, te la da esa tolerancia a la frustración. Cuando permites que tus hijos se enfrenten a sus retos, les das espacio para resolver y los fortaleces en su autoestima, ellos sabrán que equivocarse no los hace menos o más valiosos y tendrán resiliencia. Sabrán que pueden aprender y volverlo a intentar tantas veces como sea necesario, porque eso no les quita el valor.

El otro extremo donde podemos caer es el de la exigencia extrema; ya no sobreprotegerlos sino lanzarlos sin estar preparados y maduros, y no respetar su propio ritmo para ir creciendo. «A tu edad yo ya me había comprado mi auto, a tu edad yo ya estaba trabajando, a tu edad yo...», pero tu hijo tiene el derecho a tener su propio ritmo y está bien que sí propicies retos, pero sin empujarlo demasiado. Creo que la clave está en que lo hagas más mirándolo a él que a ti y tus expectativas. No se trata de ti, se trata de saber cuándo tu hijo necesita un empujón, cuándo necesita que le des espacio y enfrentar solo la situación y cuándo abrazarlo y sostenerlo, porque es lo que él necesita y no lo que tú crees que debería hacer.

A veces intentas hacerlos fuertes desde una posición donde condicionas tu amor y aceptación a una conducta o forma de ser que tú apruebas: «Debes ser un chingón si no..., no te voy a querer porque mis hijos son chingones y competitivos y si tú no eres así no eres mi hijo y yo te dejaré de ver con aceptación». No es algo necesariamente verbal, pero se expresa en las acciones. Cuando haces fuertes a tus hijos poniendo tu amor y aceptación en juego, termina siendo también doloroso y generando conflictos en la relación. Tu dureza y tus expectativas en todo hacen que se desconecten de ellos mismos para complacerte. Se adaptan a tu ritmo deprisa, pero a costa de sí mismos, y no se sienten nunca suficientes para realmente disfrutar los procesos y crecer.

Vienen a mi mente varios hijos de mujeres exitosas que he tenido en terapia y es muy complicado para ellos ir a su propio ritmo cuando el ritmo y las expectativas de su madre son tan altas. Todo lo que esperas lo actúas, y si tus hijos no tienen el temple para ponerte un límite y tienen una naturaleza más sensible, esto podría ser casi una condena para ellos, porque nunca se sentirán suficientes. De alguna manera se miden contigo o con lo que tú haces. Entonces, caminarán ya derrotados porque no tienen las habilidades, o caminarán atropellándose ellos mismos.

Es muy difícil dejarles la estafeta de una conducta de Doña Huevotes nacida más desde la necesidad y la sobrevivencia que de la libertad, sin duda eso te ha dejado superpoderes que hoy funcionan en muchos ámbitos de tu vida y te hacen exitosa, pero tienes que considerar que tus hijos tienen otra circunstancia y tienen el derecho de ir a su ritmo y sentirse amados y reconocidos como son. Debes hacer un trabajo por aprender a mirarlos a ellos en su temperamento, en lo que son, para no imponer o condicionar tu aceptación.

Recuerdo un caso que tuve en terapia de la hija de una mujer Doña Huevotes. Empecé dándole terapia a su mamá y tuvimos un proceso muy exitoso. Ella no se permitía sentir, era dura consigo, muy basada en hacer, resolver y funcionar. La madre de mi paciente había fallecido y eso la había puesto en un colapso y tuvo que buscar terapia.

Ella estaba acostumbrada a reprimir sus emociones y su dolor, y era muy dura y exigente consigo en todo. La muerte de su mamá le despertó fantasmas y dolores que la rebasaron y también una vulnerabilidad completamente desconocida para ella. Era como si se hubiera despertado un ente dentro de ella que no le permitía operar, mandar, hacer ejercicio y operar su vida con la Doña Huevos. No tenía energía, lloraba sin parar y se sentía deprimida.

Es muy fuerte para una mujer tan dura consigo de pronto lidiar con una triste desconocida. La muerte, la enfermedad o la crisis nos regalan la posibilidad de enfrentar duelos no resueltos del pasado, eso era lo que le había pasado, había vivido la muerte de su padre con la Doña Huevos y la muerte de su madre terminó por romper el control y sacar todo ese dolor reprimido. Es un ejemplo muy claro de cómo vive una mujer así, acostumbrada a tener el control de sí misma y hacer lo que tiene que hacer, pero de pronto la vida es buena y nos pone nuestras confrontaciones.

Al final ella se dio de alta cuando se sintió mejor y aprendió a reconocer esa parte de ella misma; era una mujer inteligente y muy capaz que se permitió vivir su duelo, tener paciencia con esa etapa. Pronto volvió a sentirse como antes y volvió a operar su vida como estaba acostumbrada. En realidad, fue exitoso porque se dio espacio para escucharse y saber que vivía un duelo y descargarlo.

Darnos el derecho de ser vulnerables, de llorar, de no estar en control, de sentirnos devastadas por alguna situación difícil es tremendamente amenazante para una mujer que ha aprendido a huir toda su vida de eso. Cuando éramos niñas lo sentimos tan fuerte y nos rebasaba tanto que nos hicimos fóbicas a eso; hoy es un lenguaje que termina siendo confrontante y queremos que pase rápido para sentirnos otra vez en control.

Después de algunos años tuve a su hija en terapia. Ella se sentía totalmente incapacitada y rebasada para cumplir las expectativas de su madre. Era una niña audaz, inteligente y muy capaz, pero con una sensibilidad distinta. Era creativa, musical, deportista, pero estaba en crisis de ansiedad por tantas actividades que tenía, porque sentía que jamás daba el ancho, porque tenía una sensibilidad que sentía fuera de lugar porque nadie hablaba ese lenguaje en su familia. Sus padres son personas exitosas y super-autoexigentes.

Trabajamos para aprender a validar su sensibilidad, reconocer su propio valor y aceptar que sus padres no sabían hablar su lenguaje, pero eso no la hacía estar mal o ser menos valiosa. Simplemente ellos eran distintos y ella tenía el derecho de ser quien es. Creo que lo más importante era que ella pudiera reconocer que su sensibilidad era correcta, no había nada malo en ella.

Es pesado para un hijo sentir que debe pertenecer al clan Doña Huevos cuando no tienen la necesidad ni el temperamento, pero es como sentir que siempre decepcionas a tu madre y que jamás das el ancho. Ellos suelen sentir que algo está mal en ellos porque no pueden funcionar o resolver como su madre, la vara es muy alta y las expectativas también.

Entonces, cuando los hijos son de otra naturaleza, se podrían sentir incapaces para la vida, y si tú terminas resolviendo siempre pues más aún. Cuando resuelves tú, les terminas diciendo «Quítate, tú no puedes», y eso termina atropellando su derecho, su ritmo, su personalidad y generando baja autoestima.

Esto es más práctico para Doña Huevos que esperar y darles el tiempo a sus hijos para resolver. Es un tema de desesperación, intolerancia y ritmo. Imagínate que tu hijo está buscando resolver un tema escolar con un amigo y tienen que poner límites y aclarar la situación. Tú te das cuenta de que le cuesta enfrentar la situación, buscas el teléfono de la mamá, le dices lo que está pasando y lo resuelves a tu manera. Te crees una muy buena madre porque resuelves los problemas de tus hijos, cuando en el fondo por desesperada no le diste espacio para enfrentarlo.

Dirás que si no le das un empujón él o ella no lo va a hacer, pero justo eso es una posición más sana. Hay veces que el verdadero acto de amor es soltarlo y no sostenerlo. Confiar que puede hacerlo, que tiene las habilidades, que puede hacerlo diferente a ti, que podría no enfrentarlo incluso y que eso está bien, tiene derecho a enfrentar también las consecuencias de no hacerlo. No olvides esto: soltar puede ser más amoroso que sostener, porque para ti sostener es fácil, es algo que sabes hacer, y soltar por tu hijo y confiar en él es un acto de amor para ti y para él.

Un narcisismo de huevos

Se habla mucho de los hombres narcisistas y de que corras de las garras de hombres así, pero poco se habla de las mujeres narcisistas que son igual de agresivas y dolorosas.

Una mujer Doña Huevotes es una mujer narcisista. Empecemos por definir el complejo narcisista y entenderlo de fondo. Existe un narcicismo patológico y un narcicismo neurótico que tienen que ver con los niveles de desconexión de la persona que lo vive.

El narcisista es una persona que tiene una incapacidad para verse en su justa dimensión, tiene una imagen de sí mismo muy elevada, no tiene remordimientos ni es capaz de empatizar y ponerse en los zapatos de otros. Es impersonal y desconectado de sí mismo, cruel en muchos momentos, necesita ser admirado y reconocido a toda costa, cree que siempre tiene la razón e impone su visión en los demás, es seductor y manipulador, termina logrando que las cosas sean como él dice y siempre se sale con la suya. Odia perder, jamás pierde, siente que las personas en general son inferiores o incapaces y los trata como si tuviera que darles la lección, le cuesta ponerse en los zapatos del otro y podría ser cruel y perseguidor cuando ve una presa frágil y necesitada.

Las mujeres narcisistas aman su imagen, la cuidan y se aseguran de que todos sepan que son exitosas, que su esposo es el mejor, sus hijos son los mejores, son supercompetitivas, compiten hasta con su sombra. Adoran sentirse buenas y altruistas, entonces buscarán hacer algo para ayudar siempre a otros porque eso engorda su ego y las hace sentir más buenas. Siempre hablan de ellas mismas y de lo bien que hacen las cosas, no saben pedir porque tienen un ego enorme y no les gusta sentirse fracasadas y que las vean frágiles.

Tienen amigos muy rotativos, suelen no conservar la amistad porque utilizan a las personas y cuando se cansan de ellas las desechan como objetos. Tiene dificultades para relacionarse, casi siempre construyen sus propios negocios o imperios donde son reconocidas, temidas y glorificadas. En el caso de las mamás narcisistas, lo hacen con su familia; puede ser una narcisista ama de casa que controla la vida de sus hijos, su esposo, participa en la escuela de los niños para tener el control, lleva la administración del edifico porque ama el reconocimiento y el control. Entonces una mujer narcisista buscará siempre los hilos del control y el reconocimiento porque le encanta y lo necesita.

Las más lastimadas y patológicas no tienen el menor interés genuino por nadie, ni por sus hijos y pareja. Son parte de su show de mujer exitosa, sirven a sus intereses, su pareja sirve para su ego y no le importa en lo absoluto si él es feliz o si lastima a sus hijos con su comportamiento. Si sus hijos le sirven para inflar su ego los amará, si no simplemente no existen para ella. Su pareja está ahí para hacerla feliz y satisfacer todas las necesidades de niña herida, le importa muy poco lo que a él le pasa, y toda su familia y sus hijos son su pequeño imperio donde las cosas son como ella dice y todos deben llenar sus necesidades.

Si eres una mujer narcisista al leer esto te estás sintiendo incómoda, puedes sentirte con sueño o con ganas de dejar la lectura, evidenciada y ansiosa o totalmente ajena. Es importante observar con honestidad nuestra personalidad narcisista para trabajar en ella.

Creo que hay niveles de daño en las personalidades. Los narcisistas patológicos, que difícilmente se rehabilitan, tienen una fractura inmensa en la conexión consigo mismos y el tiempo, y el daño que van viviendo en las relaciones los desconecta más. Yo sí creo que el tiempo y la falta de trabajo personal podrían dejarte atrapado en esa personalidad, sin capacidad de alimentar otras partes de ti mismo que terminaron devoradas por tu narcisismo.

Yo tuve un padre narcisista patológico que terminó devorado por su narcisismo, ya no se asoma en él nada verdadero, todo es parte de su manipulación, su estrategia y su control. Yo tengo esa personalidad viva en mí, soy en parte narcisista y egocéntrica, creo que mi verdad es la única y amo el reconocimiento y el control. Pero tengo otra parte de mí que es sumamente empática, las personas me importan genuinamente, soy sensible y reconozco mis errores. Estoy muy pendiente de mi parte narcisista porque no me gusta, no quiero ser así y trato de no alimentarla, no creérmela tanto. A veces no siento la dimensión de lo que soy hoy profesionalmente, me mantengo no enterada del todo para no alimentar mi ego narcisista.

Casi no conocí a mi abuela paterna, recuerdo haberla visto algunas veces, pero sin duda era una Doña Huevotes y seguro bastante narcisista. Hoy lo sé por todo lo que gestó, el cuerpo, el aspecto y lo que decía. De entrada, decía que sus nietos solo eran los hijos de sus hijas, los hijos de sus hijos estaban en duda. A ella nadie le podía decir abuela y menos abuelita, era la madrina de todos, tenía una voz ronca y unas caderas y piernas anchas, fumaba como loca y era la matrona de la familia, una mujer dura, fuerte y de aspecto enojado.

Las nietas heredamos más de la abuela que de la madre. De alguna manera, la lealtad está más inconsciente, el vínculo en ocasiones es fuerte cuando tuviste contacto con tu abuela, el amor es un gran generador de alianzas, y no tuviste que conocerla para estar aliada a su manera de ser y estar, lo traes en los genes y lo reproduces.

Hoy sé que mi abuela fue una mujer controladora, narcisista, desconectada, enojada con los hombres, sola y fuerte, más por el trabajo que he hecho con mi propio guion de vida y mis alianzas que por haberla conocido. Todo lo que pasó con sus hijos, sus hijas y su sistema habla de cómo era ella.

Te invito a pensar cuál es el rol que jugaba tu abuela materna y paterna. Ambas tienen una gran influencia en ti, sus dolores y las situaciones que vivieron tienen una gran influencia en nosotras. Estamos reproduciendo en mucho los principios, los miedos y las hambres de las abuelas, por eso es importante conocerlos o tratar de investigar y conectarnos con ellas.

Yo tengo una foto de mi abuela paterna, pero no tengo ni idea de cómo era la mamá de mi mamá, porque se murió cuando ella tenía cuatro años. Ambas estaban borradas de mi consciencia, pero el trabajo personal me fue poniendo en contacto con ellas, viven dentro de mí y solo necesito algunos detalles para deducir ciertos mecanismos en ellas.

Hoy puedo sentir la energía de cada una, mujeres superdistintas. Siento el campo de mi abuela Rosita, la mamá de mi mamá, como un campo frágil, de una mujer sumisa y dependiente. Sé por mi tío que mi abuelo la violentaba y que era muy dependiente de su esposo, un hombre controlador y fuerte, un Don Huevos. Y el campo de mi abuela paterna es muy distinto, desconectada, resentida, narcisista y controladora. Estoy tan segura de que era así en parte, pero me hubiera gustado conocerla bien. En realidad, solo estoy viendo una parte muy evidente de los mecanismos de defensa de ambas, pero somos mucho más que solo mecanismos.

Una mamá narcisista controla, manipula, debilita a sus hijos y pareja para que dependan de ella. Hace que ellos giren en torno a sus necesidades, es fuerte y decidida, les demuestra que, sin ella, ellos no pueden; suelen tener parejas aparentemente exitosas laboralmente o ellas son las exitosas, pero siempre son ellas las que brillan y no sus parejas. Son las que tienen la última palabra y cobijan a todos con sus alas protectoras, brillantes, agudas, perceptivas, ambiciosas, con un físico llamativo, seductoras, estrategas, terminan gobernando la vida de toda su familia y eligiendo mucho de lo que todos terminan decidiendo.

La personalidad narcisista puede equilibrarse, todo depende del grado de rompimiento de la conexión contigo, las heridas de tu pasado y sobre todo el tiempo que has invertido en inflar la personalidad narcisista, si has trabajado con otras partes que puedan equilibrar y te permitan ser más vulnerable, honesta con lo que sientes, generosa y empática. Es fuerte pero tu personalidad narcisista es un gran recurso en tu vida, la Doña Huevos es parte de tus recursos y superpoderes. No se trata de dejar de ser Doña Huevos, se trata de trasladar la personalidad hacia un lugar de mayor equilibro, flexibilidad y bienestar.

Lo primero es saber que tú tienes una personalidad narcisista pero que también tienes otras partes que puedes alimentar y equilibrar. El trabajo por sanar las heridas de tu pasado y reconectarte con tu cuerpo y tus emociones va dando mucho peso a flexibilizar la personalidad y ego narcisista. Siempre tendrás esa parte en ti, pero conforme vayas trabajando en ti misma tendrá menos peso.

Debes trabajar por no alimentar tanto ese dragón e ir soltando los beneficios de ese ego. Si bien es cierto que tiene muchos aspectos positivos en tu vida, también muchos otros son negativos y perversos, sobre todo en relación con las personas que amas. Esa parte de tu personalidad atropella sus derechos, su individualidad y los debilita.

El ego narcisista nos hace muy atrevidas y nos lleva a pensar en grande, a sentir que podemos hacer cosas que nadie ha hecho y que podemos hacer caminos donde nadie pisa. Es valiente y hay mucho mérito. ¿Quién que piense que puede cambiar el mundo no tienen algo de narcisista? Los músicos, inventores, pensadores, científicos, la gran mayoría eran y son narcisistas porque se la creen, se sienten diferentes y especiales y eso los lleva a plasmarlo. Somos lo que pensamos y eso tiene una parte muy aplaudida en este mundo, pero se nos olvida otra parte humana que no podemos dejar de contemplar.

Este mundo, con su filosofía consumista y su culto al ego y la belleza, aplaude y promueve el narcisismo. Somos una cultura cuya religión es el ego; ser guapo y con dinero es el símbolo del éxito. A los dueños de la caverna les conviene promover el narcisismo y tener personas amantes de su ego y su imagen, desconectadas de lo que son y necesitan. Esto nos hará dependientes y llenos de falsas necesidades siempre.

La clave está en la reconexión con nosotros, en apostarle al amor, a la naturaleza, a la verdad y esencia detrás de las cosas. Hay que buscar lo esencial en un mundo donde es casi imperceptible, hay que observar la diferencia de un momento de alma y un momento de ego, observar la diferencia entre estar con personas que te temen y te admiran a estar con personas que te aman y que son tus iguales.

Hay que redefinir la belleza; no la belleza física, sino el amor y la aceptación por tu cuerpo y todo lo que representa, la belleza del esfuerzo no por lo que demuestra a otros, sino por lo que aporta y genera para que todos crezcan y sean más fuertes. Pensar en tu impacto en el bienestar de otros y no ser una devoradora porque sientes que no necesitas a nadie.

Tu aprecio y respeto por la gente es la mayor señal de que tu narcisismo está en recuperación: si respetas más, valoras más, reconoces más el derecho y la libertad de las personas que te rodean. Si los ves más fuertes y capaces, si pendejeas menos, si eres más respetuosa con los distintos ritmos, si eres más capaz de amarlos aceptando lo que son más allá de ti vas por buen camino.

En todas tus relaciones donde juegas un papel de autoridad —tus hijos, tus empleados o colaboradores, las personas que dependen de ti de alguna forma o para quienes eres una referencia importante— tienes un compromiso moral, un compromiso de ser un modelo y tener un liderazgo positivo para acompañarlos a crecer. Las personas que te admiran tienen posiblemente la madera para superarte y para ser buenos, si perdemos el miedo a ser superadas y a que brillen todos con su propia luz, todos crecemos.

Hay que seguir trabajando con el dolor de esa mujer que tuvo que ser fuerte y después se convirtió en heroína con superpoderes y se la creyó. No hay forma de darle espacio a los demás si continuamos atropellándonos a nosotras, si pasamos por encima de nosotras y no respetamos nuestro derecho a no poder siempre, saber siempre, cargar siempre, resolver siempre. ¿Qué clase de tolerancia vamos a tener si somos así con nosotras mismas? Hay una niña que espera tener derecho de ser vista, reconocida y cuidada. Una niña enojada y cansada de esta posición. Sigamos caminando juntas para tener ese encuentro sanador contigo.

En la cultura del ego lo que se vale es ser competitivo, individualista, perfeccionista, ir a tus objetivos, manipular a tu equipo y fingir que te importan, no poner pretextos, ser agresivo con tus metas, tener disciplina, hacer que pasen las cosas, pensar en grande, todo eso y más es el fundamento con lo que muchos *coaches* de negocios resetean a la gente. Suelen ser personas que solo tienen eso, se convierten en máquinas de trabajo y solo piensan en dinero, poder y éxito. Olvidan por completo que eso es solo una ilusión y que al final su dinero y poder solo les hará comprar seguidores y gente que los necesita y no personas que de verdad los amen.

Las personas que en verdad nos aman nos conocen y no están esperando que siempre resolvamos. Nos miran como somos y comparten con nosotras, son personas que nos atrevemos a amar y aceptar sin condicionarlos, les pedimos y nos comunicamos con claridad, respetamos sus límites y derechos y sabemos pedir disculpas cuando nos equivocamos. Validamos lo que son y sienten, no las utilizamos cuando las necesitamos, cuando ellos nos necesitan también sabemos estar, cuentan con nosotras, disfrutamos en horizontal, como amigos, como iguales o como personas donde existe una admiración mutua. No estamos buscando ser las reinas y soberanas de todo.

No te permitas esa parte de ti porque todo lo que alimentamos nos termina devorando, tú eres más y mejor que ese ego fastuoso y lleno de hambre, tú eres una persona con derecho a estar en paz, disfrutar, respetarte y recibir. A tener sueños y metas grandes, pero nunca a costa de ti misma.

SIETE

Los límites rotos por el dolor

Recuérdalo siempre: si no hay límites, no hay protección.

Empiezo este capítulo con mucho entusiasmo por todo lo que hoy puedo entender en relación con el tema y sobre todo por la importancia que tienen los límites en la vida de las mujeres que han aprendido a vivir sin ellos.

Me gustaría empezar diciendo que los límites son una función sana y natural. En nuestra naturaleza sana cuando algo nos lastima y afecta, lo esperado es que nos movamos o nos incomodemos ante esa situación. Si una persona me pisa, yo naturalmente debería de moverme, pero ¿qué pasa cuando la que se pisa soy yo misma?

Ese es el gran reto de este tema: aprender que además de ponerles límites a todas las personas que nos ven o necesitan vernos imparables e incansables, tenemos que ponernos límites a nosotras y entender de fondo por qué perdimos esa cualidad que nos era propia.

Los límites se pierden cuando vivimos experiencias traumáticas que nos rompen; cuando vives una experiencia de dolor que te rebasa, te toma desprevenida y vives en soledad. Cuando vivimos esas experiencias traumáticas y no reparamos el nudo que se queda ante una experiencia así, lo que sucede es que ese nudo se borra de nuestro consciente y genera una fuga de energía vital y la capacidad de reconocer esa realidad.

Pondré un ejemplo práctico: cuando una niña fue tratada con negligencia por parte de sus padres, no la protegían, ignoraban sus necesidades, no estaban enterados que debían cuidarla y protegerla, esto es lo suficientemente doloroso y fuerte para generar un trauma, además de que la pone ante situaciones de peligro que reforzarán su dolor y la ausencia de protección de sus padres.

Esa niña aprende a vivir la vida negando su derecho de ser cuidada ya que jamás lo vivió; como sus padres no la protegían ella tampoco aprendió a poner límites y a protegerse, o aprendió a poner muchos límites en algunas circunstancias y cero límites en otras. Es una protección desordenada donde hay muchos límites en algunos casos y en otros permites abuso y te pones en riesgo.

Solemos no tener la capacidad de reconocer lo que no hemos vivido: si tú no tuviste protección y cuidado puedes crecer tratándote con pocos límites y poco respeto de tu integridad. No es fácil el reconocimiento de ese derecho cuando no lo viviste, cuando has ido por la vida como cabra loca, haciendo muchas cosas para las que no estás del todo preparada, sintiendo que tú todo lo puedes y exigiéndote tanto.

Este es el ego de Doña Huevos, una identidad de «Todo lo puedo y a mí las cosas al final siempre me salen bien», que me llevó a niveles de estrés y autoexigencia a los que estoy acostumbrada, pero que me ponen a la defensiva, desde una posición de sobrevivencia y con poco respeto hacia mí.

Debemos aprender a ponernos límites sobre todo a nosotras mismas, reconocer que estos son una cualidad fundamental de una mujer que se ama y se respeta. Es un pésimo mensaje cuando no sabemos elegir lo que podemos, lo que queremos y siempre estamos por *default* haciendo y haciendo.

Es como si la batalla de la vida jamás terminara y tú debes de exponerte a situaciones que ya no quieres ni necesitas en tu vida solo porque no sabes ponerte límites. Creo que la parte más importante del tema de los límites está en relación con esta poca protección y respeto que solemos tener con nosotras mismas. Más adelante hablaremos de las enfermedades y dolores de Doña Huevos, pero muchos padecimientos tienen que ver con la ausencia del respeto hacia nosotras mismas y que hacemos muchas cosas que se nos meten en la cabeza sin detenernos a preguntarnos si es momento para hacerlo o si es demasiado en este momento o desde qué parte de nosotros estamos eligiendo las cosas.

Estamos acostumbradas a atropellarnos, a no sentir lo que necesitamos, a ir rápido sin detenernos. Para cuando nos damos cuenta ya nos metimos en situaciones que nos pesan, nos cargan y nos duelen. Solo lo podemos ver cuando ya estamos viviendo el dolor de esas decisiones. Aprendimos a vivir en la posición «burrito de carga» y nos quedamos acostumbradas a esa posición en la que estamos resolviendo, sacando adelante y tomando decisiones mientras los demás observan cómo nos partimos en mil pedazos.

Karla es la única mujer de cuatro hermanos. Siempre ha sido la que lleva la responsabilidad de sus padres, el doctor, los gastos y la organización de las celebraciones de todo tipo. Cuando los hermanos van las Navidades a casa de sus papás, Karla guisa, limpia y está pendiente de que todos estén a gusto. Un día se cansó y se fue a vivir a otra cuidad lejos de sus hermanos y sus padres. Iba a visitarlos regularmente, pero ponía límites muy claros para no permitir que sus hermanos y sus papás la cargaran más de responsabilidades.

¿Fue muy doloroso quitarse el beneficio? Sí. ¿Tuvo que renunciar a la imagen, aprobación y control de todos? Sí, pero ella se eligió a sí misma y dejó el papel y los beneficios aparentes de ser la que parte el pastel o dirige la orquesta. Cuando te das cuenta de que las cargas y las consecuencias son mucho más dolorosas que los supuestos beneficios de llevar el control de tu familia, entiendes que no es una opción sacrificarte por esos beneficios.

Después de varios años, la mamá de Karla murió. Ella

llegó a casa de su padre y todos esperaban que ella hiciera todo por atenderlos, resolver cosas y cargar. La familia de pronto estaba aferrada a que tomara el papel de Doña Huevos, pero ella ya había trabajado mucho sus culpas y decisiones, y cuando su madre murió, ella pudo ser una más en el derecho a vivir el duelo de su mamá, tranquila, dándose espacio para lo que necesitaba, sin importarle lo que los demás esperaban de ella. Su hijo la cuidó, le hizo de comer y le dio espacio para que despidiera a su madre con vulnerabilidad y no en el papel de Doña Huevos que está cuidando el duelo de todos menos el de ella.

La familia está acostumbrada a verte fuerte, a que siempre puedas y nunca necesites. No es un problema de la familia en realidad, nosotras los hemos educado en esa visión y la primera que debe renunciar a esa imagen eres tú. Salir a rescatar a otros y cuidarlos no tiene nada de amoroso cuando eso te sacrifica por años. ¿Tú qué quieres en realidad? ¿Qué clase de promesas nos hacemos que nos imponemos roles así?

Lo primero que tuvo que aprender Karla fue a ponerse límites y renunciar a esta posición de ser la matrona familiar que todos buscan y respetan, pero que a nadie le importa en realidad lo que siente y necesita. Es muy cruel la forma en que educamos a los demás a ignorarnos y dejarnos de ver como humanas para vernos como personas que nada necesitan.

El primer paso para ponerte límites es empezar a darte

cuenta y validar en qué medida lo que haces te afecta. Nadie va a moverse si no siente que le duele, y ese es uno de los grandes retos que tienes enfrente: recuperar la consciencia de ti misma y de qué tanto te duele lo que está pasando. Si jamás te enteras y te conectas con las situaciones que vives nunca te podrás dar cuenta de si lo quieres, lo necesitas o no.

La mayoría de las cosas que vamos eligiendo desde la Doña Huevotes vienen de las altas expectativas que tiene esa parte de nosotros, que no le importa lo que perdamos en el proceso, al cabo que siempre podemos y al final sacamos a flote las situaciones. En todo ese proceso hay costos que necesitas mirar y sobre todo sentir, porque si no validas los costos de eso, jamás te vas a mover y cambiar de situación. Pensamos que no hay para qué cambiar si no pasa nada de fondo, pero sí pasa y pasa muy de fondo.

Tenemos que observar el estrés y la forma de defensa con la que vivimos cuando nos imponemos cosas que son demasiado. Una parte de la recuperación de límites es volver a tu cuerpo y observar lo que siente. Es necesario ponernos límites y entender que hay cosas que ya no necesitamos. No se trata de no atrevernos ni de no crecer ni ponernos retos, es algo que podemos seguir haciendo, pero trabajando con límites claros y creando un espacio para cuestionar por qué deseamos lo que queremos.

Cuando no tenemos esa adrenalina frente a nosotras nos sentimos «aburridas», aunque en el fondo es vacío, entonces siempre estamos buscando huir de eso que sentimos, generándonos muchas cosas para estar siempre en ese estado de excitación, pero también de defensa.

Esta adicción al cortisol es también la forma en que huimos de nosotras. Cuando no traes tu dosis de cortisol puedes experimentar una tristeza o un bajón que no te gusta y te hace estar siempre activa, buscando más y más. Nuestro cuerpo es un reflejo de esa manera de estar en la vida, pero ya no lo observamos porque está incorporada en nuestra identidad.

La mayoría de las Doña Huevos viven disociadas de sí mismas por años, por eso tienen poco apego a las cosas, son muy mentales y sienten que la cabeza es la que manda, les cuesta trabajo integrar lo que sienten por estar muy basadas en el deber ser; la acción es el medio de su seguridad, llevan una vida entera huyendo de lo que sienten y que es profundamente ajeno y amenazante. Estar disociada es estar descontada corporalmente de nuestra sensibilidad, emoción y sensaciones corporales. Es vivir siempre con ideas claras más que con sentimientos claros, sentir que nada es suficiente porque tu adicción a la adrenalina te lleva a hacer y hacer sin pararte a disfrutar, por eso no te sabes poner en paz a disfrutar lo logrado.

Una persona disociada hace muchas cosas que en realidad no tienen ningún sentido para ella, todo lo gobierna su cabeza y no tiene contacto adulto con sus emociones. Este mundo promueve la disociación, parece que al describir al disociado estoy describiendo algo esperado en esta sociedad para ser una persona exitosa.

Mental, estratega, desvinculada, haciendo mil cosas, cargando mucho peso, sin quejarse, sin pedir ayuda ni buscar pretextos, sin detenerse a preguntarse nada, simplemente actuando y ejerciendo su poder. Esas pueden ser las características de las personas desvinculadas que somos, pero también de muchas personas con las que interactuamos todo el tiempo en el mundo de los negocios.

Por eso hay tanta gente sola y sin amor, porque estar disociado te hace una máquina de trabajo, pero te incapacita para las relaciones con los demás, sobre todo para la relación contigo mismo. Cuando no sabes lo que sientes y pierdes la guía de tus sensaciones corporales, haces muchas cosas sin sentido y eliges muchas falsas necesidades sin realmente disfrutar, reconocerte, sentirte orgullosa, darte un tiempo de descanso y agradecer el esfuerzo.

Recuperar la consciencia de tus límites y aprender a escucharte requiere que dejes de vivir deprisa todo el tiempo. Es necesario entender que la prisa te pone en la posición de defensa y no te deja pararte a ver nada. Cuando andamos deprisa no vemos el detalle de nada, podrías llevar años pasando por una esquina deprisa y jamás ver lo que hay a tu alrededor. Entiendo que parece misión imposible ir más despacio y elegir tus batallas para no sobrecargarte y darte espacio para sentir más la realidad que tienes frente a ti, pero es un proceso y sí se puede cambiar esa manera de estar en la vida. Te vas a encontrar con algo que temes profundamente: la verdadera felicidad.

La única forma de ser felices es recuperando el sentido de lo que queremos y somos en verdad e ir restituyendo los límites que nos permiten darnos cuenta de hasta dónde queremos llegar.

Ejercicio sanador

En las distintas áreas de la vida escribe a continuación cuáles son los límites que sueles violar en cada una de ellas, qué sueles atropellar de ti sin darte cuenta hasta que ya lo viviste.

Pastel de las 8 áreas

El pastel de la vida y sus 8 rebanadas

Espiritual · Físico · Cultural · Sexual · Social · Pareja · Familia · Trabajo

Estas son las diversas áreas de la vida, cada una de ellas juega un papel muy importante en nuestra manera de estar y de sentirnos plenos y completos. Todas son partes que suman a nuestro sentimiento de satisfacción o insatisfacción, todas deben ser conocidas, nutridas y equilibradas. Si logramos conectar con cada una de esas partes con mayor merecimiento y capacidad de nutrirnos y cuidarnos, viviremos en un mayor equilibrio.

Observa en cada una de estas áreas tu ausencia de límites a los otros y a ti misma. Todas las áreas que no los tienen son áreas huérfanas de ti, debido a que los límites son protección y una forma de amor hacia ti. Cuando no están hay dolor y abandono, estamos en orfandad.

La pregunta para todas las áreas es: ¿cuáles son los límites que te faltan en estas áreas?

1. Físicamente
- Por ejemplo: comes grasa, chile, no haces ejercicio, no atiendes de inmediato tu salud, tienes partes enfermas que ignoras, duermes poco, criticas y rechazas tu cuerpo.

2. Sexualmente
- Por ejemplo: tienes relaciones sin protección, complaces a tu pareja sin preguntarte, no reconoces tu sexualidad como propia, permites cosas que no te hacen sentir bien, no disfrutas el sexo, vives promiscuidad.

3. Pareja

- Por ejemplo: no pides, eres incondicional, resuelves todo o casi, la única que toma decisiones eres tú, te cuesta respetarlo, no tomas en cuenta su palabra, pendejeas a tu pareja a la menor provocación.

4. Hijos

- Por ejemplo: no das espacio para que se tropiecen, sobreproteges, manipulas sus visiones, los controlas con el dinero, no tienen disciplina ni consecuencias, eres permisiva.

5. Familia de origen

- Por ejemplo: resuelves, pagas, prestas, organizas, cargas, permites en la dinámica con padres o hermanos.

6. Trabajo

- Por ejemplo: no eres clara, permites cosas, haces lo que no te toca, estás en un trabajo que te explota o no te gusta lo que haces.

7. Amigos

- Por ejemplo: cargas, permites, resuelves, escuchas, prestas, sostienes, estás con personas con las que ya no compartes caminos y visiones, te aíslas y dejas tu vida social.

8. Dinero

- Por ejemplo: gastas mucho, te endeudas, te sobrecargas con tus gastos, te quedas sin dinero, prestas y no te pagan.

Cada una de estas áreas es un reflejo de la relación que tienes contigo, ¿qué tanto conectas con ellas y las conoces? Todo parte del cuerpo; cuando tenemos abandonada y huérfana la parte del cuerpo probablemente todo esté desconectado, porque es la base de lo que eres y sientes.

Las heridas de nuestra infancia nos llevan a una desconexión con nosotros que no nos permite ejercer límites claros. Los límites son una forma de regalarte un padre y una madre presente, cuando los ponemos nos cuidamos, protegemos las relaciones y somos protectores de nosotros y de los que amamos.

Cuando no sabemos reconocer nuestro límite permitimos cosas que al final nos alejan de las personas. No le dices a tu pareja que no te gusta que te haga algo sexualmente, por ejemplo, pero buscarás estar lejos de él y sabotear la relación porque no distingues tu límite. Cuando tienes un límite claro, si alguien lo sobrepasa terminarás alejándote de esa persona. Los límites que no ponemos los paga la relación y dejamos de amar a esa persona.

Ponernos límites lleva como primer paso la conexión o la restitución poco a poco de la conexión con el cuerpo. Sin esa condición no sabremos identificar dónde está nuestro límite y cómo se siente cuando lo paso. En el siguiente capítulo trabajaremos con algunas claves de esta conexión para ejercitarla y conocer un camino.

Empieza por abrirte al reconocimiento de que suelen faltarte límites, aunque te sientas con muchos y muy buenos límites en algunas áreas, solemos estar en los extremos y tenerlos rígidos en algunas partes y laxos en otras.

Qué gran oportunidad aprender la materia de los límites y aprender a poner tu atención ahí. Cuando vamos trabajando con nuestro cuerpo, las heridas de nuestro pasado se van abriendo también al reconocimiento de lo que duele y, con ello, la capacidad de ponernos límites y dejar de lastimarnos. Trabajar con el cuerpo es maravilloso porque te va abriendo de manera natural a la salud sin tanta guerra y esfuerzo.

Por lo pronto has observado algunas áreas de tu vida donde te faltan límites. Valdría la pena que observes qué pasa en esas áreas y cómo te relacionas con ellas en esta ausencia de límites: si son compulsivas, adictivas, conflictivas, son áreas lastimadas y urge trabajo de sanación. Hay una oportunidad de conocerlas más y saber qué hay detrás de esa ausencia de límites en esas áreas: culpa, vergüenza, desconexión, dolor con la madre o el padre, alianza con sus filosofías de vida. Son áreas heridas porque son áreas abandonadas cuyos límites se rompieron. Como dije al principio, lo natural es la salud. ¿Cómo fue que perdieron esas áreas su salud? Hay muchas cosas que aprender de cada una.

Ha sido para mí muy importante reconocer mi ausencia de límites en muchas cosas, siempre me había sentido una persona con límites muy claros, pero siempre se ven los límites con los otros como los únicos que hay. En la identidad de la fuerte, darme el derecho de no poder, no querer, no hacer, no estar y no imponerme tantas cosas sigue siendo un proceso y una decisión de todos los días. Me es muy fácil y conocido estar en el adictivo cortisol y corriendo deprisa en mi vida.

Cuando cumpla cincuenta quiero vivir con menos prisa. Me veo viviendo en el mar o en algún lugar donde haya agua, quisiera ir más lento y seguirme escuchando cada día más. Me veo conectada con la naturaleza y mi cuerpo, disfrutando con equilibrio de todo lo que he construido. Me veo en tribu, acompañada de personas con espíritu de servicio, me veo enseñando lo que sé, estoy construyendo el camino. ¿Tú cómo te ves?

Ponernos límites es un proceso de autoconocimiento para recuperar muchas habilidades de conexión perdidas. Hay mucho que reconectar, pero en cuanto lo haces recuperas algo de ti y lo integras con la sanación de esa parte, regresa la consciencia de lo que habías perdido.

OCHO

Conectado con el cuerpo

Memoria de carga en el cuerpo

En mi libro *Más allá del sobrepeso*, hablé de la historia que está detrás del sobrepeso. Nuestro cuerpo cuenta la historia de lo vivido, del dolor y las cargas, de las adaptaciones y las fortalezas. El cuerpo de Doña Huevotes también tiene una historia que contar y es importante conocerla y aprender a conectar con tu cuerpo.

El cuerpo es la parte femenina y la cabeza o mente es la parte masculina, las personas con una mayor energía femenina son más corporales y emocionales y las personas con una mayor energía masculina son más rígidas y mentales, de tal forma que las mujeres Doña Huevotes tienen mucha más energía masculina y son mucho más hijas de la cabeza. Todo lo tienen que entender, son muy estructuradas y mucho muy rígidas en algunas cosas. Cuando somos más racionales nos cuesta sentir, necesitamos entender todo, somos estrategas y nos encanta saber mil cosas. Siempre estamos aprendiendo cosas nuevas.

Cuando hay trauma el cuerpo se convierte en un lugar muy amenazador. El cuerpo contiene la tristeza, el vacío, el abandono y la vergüenza de las experiencias dolorosas de tu infancia. Esas experiencias son demasiado fuertes para gestionar, no quieres sentirlas y deseas huir de ellas, entonces, en la mayoría de los casos, cuando hay heridas hay mucho control mental y muy poca conexión con el cuerpo y las emociones.

Para la gran mayoría de las personas el contacto con el cuerpo ha sido cancelado. En una época como la nuestra es mucho más redituable tener a las personas desconectadas del cuerpo, porque creemos que la cabeza sabe lo que quiere o debería tener, pero el cuerpo sabe con certeza lo que quiere y necesita. Es el plan perfecto para mantenernos consumiendo y necesitando siempre.

Se habla mucho de la meditación como un medio para conectar con nosotros mismos y recuperar el aquí y el ahora, tenemos exceso de pasado y exceso de futuro, pero no sabemos cómo estar en el presente. Esto es lo que nos ofrece nuestro cuerpo: una oportunidad de dejar de estar como guajolotes sin cabeza corriendo por todos lados y buscando mil cosas que en el fondo no necesitamos. Recuperar el cuerpo nos ayudaría a alineamos e integrarnos a nosotros mismos.

Pero ¿cómo podemos reconectar con el cuerpo? Lo primero es observar el grado de desconexión para habitar el cuerpo sintiendo sus sensaciones y emociones al comer, al caminar. Piensa: ¿Cómo me siento cuando me enojo, cuando estoy triste o feliz? Hay que registrar con mucha atención cuando sentimos las cosas y observarlas con atención para darles un lugar en la consciencia e integrarnos de forma correcta.

La recuperación de las sensaciones corporales es muy importante, porque las sensaciones son el lenguaje de la niña que quedó olvidada y que hoy necesita ser escuchada. Las sensaciones en términos de neurociencias son el lenguaje del cerebro reptiliano, el cerebro primitivo donde se quedó la memoria de nuestra etapa infantil. Cuando somos niños experimentamos la vida con el cerebro reptiliano, pero a partir de cierta edad nuestra neocorteza cerebral empieza a tener un mayor protagonismo. Así, todo lo que vivimos cuando éramos niños y las heridas de nuestra infancia están en la memoria del cerebro reptiliano que nos manda señales a través de las sensaciones corporales. Por eso muchas personas llevan toda su vida en terapia pero sienten que no avanzan y dan vueltas en el mismo lugar sin dejar de tener los comportamientos infantiles e impulsivos que experimentamos cuando hay heridas de la infancia controlando nuestras vidas.

Podemos pasar toda la vida tratando de entender por qué nuestra madre no nos quiso, pero eso no sanará de fondo nuestro dolor, porque esa falta de amor está en una memoria corporal que se activa ante la menor provocación en el presente cuando no me siento amada; me vuelvo a sentir esa niña no existente para mi madre con mi pareja, hijos, etcétera. Es muy frustrante entenderlo y no dejar de sentir, porque sigues secuestrado por el niño cuando algo en el presente te recuerda al dolor de tu pasado.

En esta era de pienso y luego existo, no sabemos cómo sentir, estamos siempre pensando en entender todo y nadie nos enseña a sentir y recuperar la consciencia de lo que sucede en nuestro cuerpo. La mente y el cuerpo deben hacer un trabajo en equipo para integrar esos aspectos que hemos dejado olvidados y que necesitamos integrar al presente y a la neocorteza cerebral para que dejen de actuar desde el cerebro reptiliano.

Todas las veces que sientes que pierdes el control, que te desconoces, que actúas fuera de ti, que te secuestra un embate de ira, tristeza, defensa, celos, vergüenza, todas esas veces que sientes que lo que te pasa está fuera de dimensión y te hace sentir muy mal y a la defensiva estás ante una situación de niño herido manifestándose desde la memoria traumática de tu cerebro más primitivo.

Es difícil encontrarle sentido porque en vez de verlo como adulto y con objetividad lo interpretas con el niño lastimado de tu pasado. Por ejemplo, quedas en ver a tu pareja a una hora, pero llegas una hora tarde por el tráfico. Esto afecta la agenda de ella y debe irse, no te puede esperar. Cuando llegas después de estar dos horas en el tráfico ella se ha ido y no te esperó. Tú pierdes el control y le llamas, reclamándole que te abandonó, que no le importas y que no valora tu esfuerzo. Todas esas interpretaciones de lo ocurrido están en el niño herido. Eso no estaba pasando así, desde tu adulto podrías entender perfecto que ella no tenía por qué esperar una hora si eso afectaba sus responsabilidades, pero desde el niño no quieres volver a ver a la persona porque te abandonó.

Interpretamos el mundo desde nuestras heridas, se nos escapan los comportamientos. Si tuviéramos más contacto con el cuerpo nos daríamos cuenta de lo que está pasando en el niño, o sea, en el cuerpo, y podríamos tomar consciencia de que esto despertó un dolor que no es responsabilidad de la otra persona sino propia, porque es parte de tu historia y tus heridas.

El gran tema es que en realidad cuando pasan esas cosas sí culpamos a los otros de lo que estamos sintiendo porque nos sentimos victimizados por lo vivido sin darnos cuenta de que estamos fuera de dimensión, o sí nos damos cuenta pero nos vale, estamos fuera de control y que se chingue el otro por ocasionarlo.

Esto pasa en todas las relaciones de pareja: no conocen su niño y su historia, por eso proyectan siempre todas estas emociones a su pareja, cuando en el fondo no tiene nada que ver, por lo menos no en la dimensión que se vive cuando hay un niño interior herido. No quiere decir que no estén pasando cosas, siempre ocurren cosas que hay que hablar y resolver como adultos. Pero no se puede cuando estás secuestrado por tu ira y tu dolor, y no hay poder humano que te ayude a darte cuenta de que es tu niño y tu historia lo que está generando la manera en que estás interpretando lo sucedido.

Cuando volvemos al cuerpo podemos trabajar con las memorias que generaron esos sentimientos de abandono y dolor y desde la neocorteza cerebral actualizar la realidad, permitiéndote desahogar el dolor sin darle el poder al niño para que no secuestre tu discernimiento. Cuando logras discernir como adulto respiras, lloras, pero como apoyo a lo que estás sintiendo y sin que te sientas una víctima. Lo que sientes es válido, es parte de una historia que traes en la memoria corporal y que puedes permitir y abrazar lo que significa para ti desde la comprensión adulta, pero sabiendo que eso ya no está pasando en el aquí y el ahora, que tu pareja no te puede abandonar porque eres un adulto, tú no eres un niño para ser abandonado por nadie. Las circunstancias son lamentables, pero no eres una víctima.

Las terapias se centran en poner a las personas a entender los comportamientos y no a sanar lo que hay detrás de esos comportamientos. Por muchos años sentía que entendía y eso me ayudaba, pero seguía luchando con mi impulsividad y mis sentimientos de traición. El camino me fue llevando sin duda al cuerpo, y desde que he ido recuperando el diálogo con mi cuerpo el cambio es abismal en mi manera de interpretar las cosas y ponerlas en su justa dimensión. Además de que no reprimo lo que siento, abrazo con empatía y aceptación mi derecho a sentir eso que siento. Sé que soy una mujer con una niña herida y que en momentos las experiencias tocan una memoria de su dolor. Puedo darle paz e integrar muchas de estas cosas a mi consciencia.

Soy una persona supercomprometida con lo que escribo y enseño, vivo mi derecho a tener una niña herida. Sentir lo que siento sin estar buscando la solución para dejar de tenerla me ha llevado mucho tiempo. Hoy, después de muchos años en el camino, he dejado de pensar que las heridas se desaparecen por completo y que la sanación es dejar de tener un niño herido, siempre tenemos un niño herido que se puede manifestar en nuestra vida, pero cada vez ganamos más consciencia y permitimos que el adulto sea quien tome las decisiones. Esto es sanar, pero siempre estamos abiertos a la vida y al dolor: muertes, crisis y enfermedades podrían llevarnos nuevamente a los terrenos del niño herido con nuevos apartados a integrar.

He creado un método precioso de sanación de las heridas de la infancia que ofrece un mapa donde podemos poner claramente la ruta del adulto, del niño y las heridas, y recorrerlo como un viaje de turismo interior donde vamos caminando para integrar las experiencias que nos han llevado a sentirnos abandonados y rechazados. Este método lo enseño en la academia AMO y ha sido una gran oportunidad compartirlo con mis grupos de sanación, mis terapeutas y quienes se especializan en conocerlo para manejarlo con sus clientes, pacientes, hijos o consigo mismos.

Te comparto aquí algunos principios y ejercicios del método HERA para reconectar con el cuerpo e ir recuperando en un proceso el diálogo con tus emociones, necesidades y esas partes heridas que hoy puedes abrazar con nuevos recursos y capacidades.

El primero es un ejercicio de reconocimiento del cuerpo.

Para este ejercicio necesitas una hoja y colores.

Lo primero que quiero pedirte es que lleves toda tu atención al cuerpo. Cerrar tus ojos podría ayudarte a sentir con más claridad, pero si no solo lleva tu atención al cuerpo. Respira profundamente y expande tu pecho y abdomen al respirar. Lleva toda tu atención a este proceso. Hagamos tres respiraciones profundas abriendo el pecho y el abdomen y exhalando poco a poco por la boca.

¿Hay alguna sensación presente en este momento? Hambre, hormigueo, dolor, frío, pesadez, tensión, todas estas sensaciones podrían estar presentes en tu cuerpo. Haz consciente lo que está pasando en tu cuerpo y permítete sentir lo que está presente, por ejemplo, si sientes hambre experimenta esa hambre con toda consciencia y habítala unos segundos más.

Hagamos un recorrido de las partes de tu cuerpo; observa tus pies y quédate unos segundos sintiéndolos, su forma y lo que significan para ti. ¿Te gustan? ¿Qué tipo de relación tienes con tus pies? ¿Te gustan, te chocan? Ahora dibuja en tu hoja tus pies y todas las ideas que te vengan en relación con tus pies y su forma.

Vamos a ir construyendo el dibujo de ti misma lento y sintiendo cada parte de ti. Ahora siente tus piernas, mira su forma. ¿Cuál es la relación que tienes con tus piernas? ¿Hay conexión o rechazo hacia ellas? Siéntelas unos segundos, después dibújalas como las sientes y escribe a lo largo de las piernas palabras que te vengan a la mente sobre la relación con tus piernas.

Haz un momento para sentir tus rodillas como parte de tus piernas y observa cómo se encuentran, si duelen, truenan, están chuecas, etcétera. Escribe ideas específicas sobre tus rodillas más allá de las piernas.

Ahora te pido que vayamos a la cadera. Siente toda esta parte de tu cuerpo, las nalgas, la pelvis, el bajo vientre, esa parte de esta zona de tu cuerpo, y nuevamente siéntelas antes de dibujarlas. Date unos segundos para tomar consciencia y sentir si sueles tener algún problema en esta zona, en tus vías urinarias, vaginal, si te gusta, si la conoces. ¿Cuál es tu relación con tus caderas y cada parte de este apartado? Toma tus colores y trata de dibujar cada parte de tus caderas con claridad. ¿Cómo dibujarías tus genitales? ¿Tendrían un color en específico? Observa lo que sientes al poner frente a ti esta parte y siente las ideas que vengan a tu mente en relación con la matriz, la vulva y tus órganos sexuales. ¿De qué te das cuenta? ¿Qué capítulo de tu historia está en esta parte de tu cuerpo?

Seguimos con el recorrido y vamos al estómago. Aquí se encuentra un punto medular en la conexión contigo ya que en el estómago está la energía que tiene que ver con tu manera de digerir la vida, la digestión de tus emociones es la casa del niño herido y es un cerebro fundamental para el sistema inmunológico. ¿Cómo te relacionas con tu estómago? ¿Tienes gastritis, colitis, problemas digestivos? ¿Qué forma tiene? ¿Qué grita tu estómago? Siente esto unos segundos y cuando estés lista dibuja tu estómago conectado con las partes inferiores de tu cuerpo que hemos dibujado. Agrega el color que relacionas con esa parte de tu cuerpo y las ideas que vengan a tu mente. No pongas mucha cabeza, solo permítete escribir cualquier idea como picante, dolor, rojo, enojo, inflamación, irritación, mamá, callar, tragar, digerir. Una vez escritas estas palabras, continúa con cada una de las partes de tu cuerpo en la misma dinámica hasta construirte completa:

- Senos y pecho
- Garganta y cuello
- Cabeza (con todas las partes por separado: nariz, boca, ojos, orejas, frente, dientes, lengua, etcétera)
- Hombros
- Espalda alta y baja
- Brazos y manos

Ya que tengas completo este mapa de ti misma con todo tu cuerpo frente a ti, quédate unos segundos sintiendo y reflexionando todo lo que escribiste en cada parte.

Cada una de esas partes te envía mensajes con sus enfermedades y síntomas, todo lo que escribes es un mapa para ir conectando con cada una de ellas y escuchar lo que están cargando.

Te pido que mires el mapa completo y observes cómo te sientes frente a ti misma con esa guía de tu historia, con todas esas ideas. Observa cuáles son las partes que requieren más atención en este momento y cuáles son los límites que te están faltando en relación contigo o con otras personas que podrían estar generando esta enfermedad en tu cuerpo.

Cierra los ojos, respira profundo y dirige tu atención a esa parte de tu cuerpo o esas partes de tu cuerpo que en este momento están llamando más tu atención porque duelen o están enfermas y quisieras ponerte en contacto con ellas. Siente y toca con tus manos, tómate tu tiempo, escucha qué tienen que decir de la actual situación y si puedes escuchar su mensaje. No hay prisa, siente sus sensaciones y tómate el tiempo primero de sentirlas, una vez que te sientas conectada con ellas escucha lo que te dicen de los límites que debes ponerte para que esa parte esté mejor.

Escucha con paciencia y dando crédito, observa que ese comportamiento que has tenido por mucho tiempo está cobrando factura a esta parte de tu cuerpo y necesita ser protegida y descargada. Dale las gracias a esa parte de tu cuerpo por cargar y canalizar la energía tóxica de ese comportamiento, esa parte de tu cuerpo se está «enfermando» también como un proceso de curación y purga de esa forma de estar en la vida que te desequilibra y te lastima.

Siente lo que te hace sentir y date cuenta de lo que dice tu cuerpo, permite unos segundos para habitar lo que ha significado ese comportamiento para ti y que hoy está reflejado en esa enfermedad y ese dolor. Habita con toda consciencia la emoción y ten compasión y ternura por ese cuerpo vivo que te acompaña en el camino y es tu fiel vehículo para plasmar todo lo que eres y necesitas.

Respira profundo y abraza tu cuerpo con los brazos cruzados en mariposa con las manos en los hombros. Quédate unos segundos solo sintiendo cuál es el poder curador de tu abrazo a ti misma, siéntelo y quédate disfrutando de ese recurso tan a la mano y que solemos ignorar y no ocupar en muchos momentos donde lo necesitamos. Date las gracias por todo lo que has podido escuchar hoy, mucho de lo que has escrito en esta hoja irá encontrando lógica en tu proceso de crecimiento, pero por ahora solo pondremos atención a las partes que están hablando más fuerte porque están más enfermas o duelen más.

Todos tenemos heridas, cosas que se quedaron ahogadas o cargas de personas y situaciones que no soltamos. En la espalda suelen estar personas o responsabilidades que seguimos sintiendo dolorosas y que han sido muy pesadas, en el estómago hay una relación con nuestro derecho a sentir y la forma en que nos conducimos al sentir; las rodillas son flexibilidad, necedad, pero para cada quien podría ser distinto.

Te invito a observar las palabras escritas en estas partes de tu cuerpo, escuchar la historia que cuenta tu cuerpo y lo que hoy necesitas equilibrar. Cuando el cuerpo habla es porque urge un cambio y necesitas escucharlo.

Las mujeres Doña Huevotes solemos tener conflictos en el estómago, las rodillas, la espalda y tensión en el cuello, en general podríamos tener un cuerpo grueso, pero no obeso, más bien grande y musculoso. Somos mujeres físicamente fuertes, con buena masa muscular por esa posición de defensa y carga.

Hay un personaje de una película reciente de Disney que se llama *Encanto*, es una película preciosa y muy interesante en términos psicológicos y sistémicos. En esta película se muestra un personaje que ilustra muy bien el cuerpo de Doña Huevotes, ese personaje es Luisa y tiene una canción que me conmueve. Te comparto aquí la letra:

«En lo profundo»

Siempre fuerte, imparable,
no habrá un risco en la tierra que aguante.
Muevo montes, muevo valles

y mis músculos, sé lo que valen.

No pregunto, ejecuto, mi coraza es del hierro más duro.

Rocas, diamantes, se funden, se parten,

yo paso y aplasto si es lo necesario,

mas en lo profundo

comienzo el truco en la cuerda floja que me marca

[el rumbo.

En lo profundo,

¿alguna vez Hércules dijo: «¡No quiero, renuncio!»?

Creo que mi esfuerzo es nulo

si siento que no ayudo, escucho un crack,

comienza a tronar, se va a desmoronar,

comienza a derrumbarse

el peso que gota a gota lo reventó,

peso como un tip-tip-tip hasta que haces pop.

Dáselo a tu hermana, pon en sus manos

todas las tareas que no aguantamos.

¿Quién soy yo si pierdo con el balón?

Y si cedo al peso con presión, presión que jamás solté.

Peso como un tick-tack-tick antes de una explosión.

Dáselo a tu hermana, que nos demuestre

cómo lo resiste, se agarra fuerte.

¿Qué si pierdo y fallo al soportar?

Si me quiebro,

en lo profundo, algo me inquieta y se empeora,

yo debo salvar a todo el mundo.
En lo profundo, el barco no vira
aun sabiendo el riesgo rotundo.
En lo profundo, la imagen que yo infundo
se cae en un segundo.
Levanto el dominó en alineación
y el viento resoplando lo derriba sin control.
¿Podré desvanecer el peso cruel, la expectativa
y vivir solo un momento de esparcimiento?
Tan simple y bello, en vez del peso
que va en aumento, no importa, que impongan
y el resto ignore el peso que gota a gota lo reventó.
Peso como un tip-tip-tip hasta que haces pop.
Ella sostendrá todos los cimientos,
ve también si carga nuestros sufrimientos,
verla doblarse y torcerse sin chispar...

Escucha la canción y siente que todo lo que dice habla de nuestra historia y manera de cargar la vida. Es momento de hacer un cambio rotundo en nuestro crecimiento, de cambiar la manera de vernos e identificarnos solo como una mujer fuerte que debe cargar la carga cruel sin decir que no y sin derecho a no serlo.

El día que sintamos el dolor de esa carga y seamos compasivas con nosotras mismas, entenderemos que no merecemos algo así y que podemos ser mujeres llenas de crecimiento y merecimiento recuperando la conexión con nuestro cuerpo y nuestra feminidad para recuperar a la niña que saltó del barco.

Esa niña es tu vulnerabilidad, tu derecho a pedir y sentir, tu contacto con lo que sientes, tu derecho a recibir y estar en paz. La niña que saltó del barco en realidad jamás se fue, sigue aquí esperando a tener el derecho de ser vista y ser amada. Tienes el derecho a que tu mundo afectivo, emocional, tu dolor y tu amor tengan un espacio válido y suficiente como tu inteligencia, tu fuerza y tu capacidad resolutiva. Hay que invitar a ambas a la fiesta de la vida para bailar completas, con todas nuestras partes integradas.

NUEVE

La vulnerabilidad sana

Cuando somos niños y no sentimos la protección y presencia de nuestros padres la vida se experimenta con la piel desnuda. Es como si estuviéramos sin ropa por la vida y nos quedáramos en una visión muy negativa de la vulnerabilidad.

¿Qué es la vulnerabilidad? Es la cualidad de sentirte en profundidad. Es experimentar la dimensión de tu fragilidad. Es conectar con tus partes más sensibles, que guardan tu naturaleza más humana y verdadera. Es valiente conectar con tu vulnerabilidad y aprender a habitarla, permitirla y darnos un espacio para aprender a mirarnos en esa dimensión.

Estamos casadas con una imagen que nos hace sentir seguras y en control. Aprendimos que perder el control no es una opción y eso es justo lo que sucede con la incertidumbre, nos lleva a perder el control y a caminar por un lugar interno que desconocemos y que nos invita a ser curiosas y conocer esos apartados dentro de nosotras.

Es difícil definir la vulnerabilidad porque hay vulnerabilidad en todos los momentos donde hay verdad. Cuando estás frente a tu pareja desnudos haciéndose el amor estás abierto en todo lo que eres, es profundamente vulnerable entregarte a una experiencia así. Cuando dices lo que sientes, cuando muestras tu dolor, cuando te abres a experiencias nuevas, cuando reconoces tus errores, cuando eres auténtico y libre, cuando compartes el silencio, cuando estás en los momentos de mayor intimidad y verdad existe la vulnerabilidad.

Cuando no sabemos ser vulnerables no construimos realidades así, no tocamos la dimensión de nuestra naturaleza y verdad, no generamos conexión. Cuando dos personas se aman sin duda han conocido su vulnerabilidad y eso genera mucha conexión; el amor se construye solo a través de la vulnerabilidad. Es el puente donde permites que el otro cruce y llegue a ti y te entregas a la experiencia.

Hay una belleza muy profunda en la vulnerabilidad, nada crece si no experimentamos el hecho de estar vulnerable, la semilla que se rompe, el músculo para crecer se hace muy vulnerable. Para hacer crecer alguna parte de ti debes estar ante la vulnerabilidad de no saber, no controlar y estar abierto al aprendizaje; es un punto fértil donde todo crece y podemos habitar una dimensión muy verdadera de la vida.

¿Dónde o con quién te permites ser vulnerable? ¿Qué

tan cómodo es mostrar a las personas cercanas tus lugares vulnerables? Hay veces que ni los más cercanos nos ven llorar nunca. Es muy raro verte quebrada y mostrar eso y estar cómoda permitiendo que nos acompañen en esos momentos que todas tenemos.

Nuestro ego es tan grande que no sabemos pedir ayuda y mostrar esa parte que duele o que tiene miedo, como si no existiera ningún apartado dentro de nosotros llamado miedo, tristeza, desprotección, desánimo, necesidad, vacío, soledad, cansancio. Solemos no saber cómo dialogar con estas partes, nos cuesta sentirlas, mirarlas, aceptarlas y darnos el derecho de tenerlas. Nos enojamos, queremos salir pronto de ellas y sentimos que hay algo mal porque estamos sintiendo esa vulnerabilidad. Nos desesperamos con nosotras mismas por no funcionar como siempre y tener que sentir eso que es tan raro y ajeno.

Nos hicimos fóbicas a esos estados y queremos sentirnos siempre con energía, dispuestas, con claridad, voluntad, enfoque y los recursos al 100. No está mal, pero no es la única parte de la vida, es como querer que solo exista la primavera y enojarnos con nosotras cuando sentimos los inviernos.

Eso es la vulnerabilidad: los inviernos y los otoños de los ciclos naturales de la vida, las pérdidas; los cambios y las frustraciones de la vida nos van trayendo inviernos donde debemos aprender a soltar partes de nosotras como ideas, creencias, personas, dinámicas, hábitos, maneras de ver la vida. El crecimiento nos invita a soltar y renovarnos y eso no es posible cuando queremos controlarlo todo para no sentir incertidumbre y vulnerabilidad.

Si aprendiéramos a pararnos frente a nuestra vulnerabilidad con paciencia, derecho y consciencia, sabríamos que no hay nada que temer y que podemos darle espacio a nuestros inviernos a que hagan su trabajo, podemos cortar lo que haya que podar. Son etapas que se sienten muy a flor de piel, necesitamos nuestros vínculos y ser amorosas y pacientes con nosotras mismas. Ser compasivas y darnos el derecho a ir a otro ritmo sin enojarnos por no estar en la primavera de siempre.

Cuando pasamos por etapas así, algo se está moviendo, algo se está sanando o estamos aprendiendo lecciones que nos está dando la vida. La mayoría de las veces ni nos damos cuenta, pasan dentro de nosotros y se mueven muchas cosas, solo las sentimos cuando son tan fuertes que nos sacuden y así nos damos cuenta, porque no nos sentimos bien. Esos movimientos internos se detonan por alguna situación exterior con tus hijos, tu trabajo, tu pareja, etcétera. Son situaciones que te ponen ante algo desconocido y que te cuesta trabajo digerir.

Imagínate que trabajas en una empresa donde siempre has sido una mujer que toma decisiones, productiva, responsable, efectiva y llevas varios años en la empresa siendo reconocida por tu trabajo. De pronto tu jefe entra en crisis y empieza a sentir que tu trabajo no es suficiente, a descalificarte frente al equipo y a portarse hostil contigo. Esto te mueve toda la seguridad y caes en una crisis donde te empiezas a sentir torpe y enojada con tu jefe, confundida, etcétera.

Estás ante un momento de vulnerabilidad, donde lo conocido se mueve y debes aprender a transitar un lugar donde el reconocimiento no viene de afuera, tiene que venir de ti misma para que no te metas el pie. Debes discernir que es parte de una crisis de tu jefe que no tiene nada que ver contigo y poner límites internos y externos claros. Una crisis personal de tu jefe te llevó a tocar vulnerabilidad, eso pasa con las relaciones tan cercanas, podría haber sido tu pareja, tus hijos, algún familiar, pero las relaciones cercanas siempre nos permitirán tocar partes de nosotros y crecer.

Cuando no sabes ser vulnerable y acompañarte en esas crisis, no encuentras dónde sostenerte. Estás pisando un terreno que no conocías, siempre habías sido afirmada por tu jefe y ahora eres reprobada. ¿Cómo lidiar con eso? Aceptando lo que sucede dentro de ti y aceptando el dolor de la desaprobación, aceptando que esto te pone en crisis, pidiendo ayuda para transitarlo mejor si es demasiado, tomar la decisión de aprobarte a ti misma y acompañarte a vivir y conocer un nuevo terreno de tu interior.

El verdadero crecimiento consiste en sabernos acompañar en los nuevos terrenos interiores y caminar con la mirada del principiante que tiene todo el derecho de no saber, de no poder, de no tener claridad ni sentirse cómodo en ese nuevo territorio. Darte ese permiso de ir por esos lugares no siendo Doña Chingona, sino una persona que no sabe cómo es transitar ese lugar pero que tiene todo el derecho de aprender. Tú puedes darte el derecho de sentirte desconocedora sin que eso te etiquete como una persona incapaz, sino como verte en una situación donde no eres capaz ya que no conoces y es nueva para ti.

De pronto afianzamos mucho nuestro valor y autoestima en todas esas áreas donde nos sentimos en control, claras, fuertes, y basamos nuestro valor en esa realidad. Cuando el piso se nos mueve y nos sentimos vulnerables podemos experimentar una baja autoestima porque estamos acostumbradas a sentirnos valiosas por lo que hacemos y no por lo que somos.

Pensamos que nuestra valía es porque soy buena en mi trabajo, exitosa, me esfuerzo por estar delgada, guapa, soy buena en todo, tengo éxito, reconocimiento y todo eso que me ha costado tanto ha sido lo que me ha dado valor. Crecemos sintiendo que debemos ganar valor con lo que hacemos porque no lo tenemos por lo que somos.

Si no estoy en la imagen de Doña Huevotes entonces me siento un fraude y creo que todos se darán cuenta de que en realidad no soy lo que parezco. Cuando tenemos afianzada la autoestima en lo que hacemos siempre está en riesgo nuestro valor, porque ese lugar es muy cambiante y depende de la mirada y el reconocimiento de los demás y no del reconocimiento de mi valor por ser la persona que soy.

La autoestima de una mujer que fue una niña que creció sintiéndose «no bien» suele estar superafianzada en el reconocimiento de sus logros. Las «niñas bien» eran las princesas de su familia, tenían amor, atención, cuidados y una familia unida. Las niñas «no bien» nos sentíamos inexistentes, no éramos las princesas, no había un papá que nos cuidara, una mamá protectora, crecimos sintiendo vergüenza y con un sentimiento de que algo está mal en nosotras porque no fuimos «niñas bien».

Como niño puedes sentir la vergüenza de ver lo que tus amigos son y tienen y tú no, eso baja nuestro amor propio desde niñas, observas de niña que a ti no te preparan el *lunch* como a tu amiga o que tu casa o juguetes no son como los de tus primas, o que tu papá nunca está o que es violento, que tu mamá no te cuida como la mamá de tu amiga, y todo esto te va haciendo sentir como persona de segunda.

Crecemos muchas veces con esa autoestima rota y vamos por la vida teniendo logros y éxitos para sentir que por fin somos personas de primera o con un valor. Pero toda esa seguridad está afianzada en eso que tenemos y en ese reconocimiento de las personas. Cuando no existe eso y nuestra fuente de reconocimiento cambia o entramos en una crisis, nos pega en el autoconcepto y nos sentimos un fraude.

Cuando nos sentimos vulnerables activamos la memoria de esa niña que debe ganar valor porque no lo tiene. Creerte esa realidad a estas alturas es lo más injusto y doloroso que te puedes hacer. Debemos darnos cuenta de cuándo se activa la memoria de la «niña no bien» y saber que eso es parte de una historia y una forma de sentirte cuando eras niña, pero que hoy tenemos otros recursos para colocar las cosas de manera diferente. Al aceptar que podemos sentir esa memoria pero que no tiene nada que ver con lo que pasa, logramos evitar ese sentimiento y gestionar lo que pasa con mejor autoestima.

Tu valor no está en lo que has logrado y que te esfuerzas todos los días por demostrar, tu valor no está en todos los sacrificios y trabajos para ganar éxito y reconocimiento, tu valor no está en el hecho en sí de hacerlo, sino en la persona valiente, voluntariosa y atrevida que está detrás de la acción. Tu valor está en esa mujer valiente, generosa, bella, amorosa que todos los días busca darle frente a la vida y hacer lo mejor que puede. En esa mujer que hoy se esfuerza por crecer, aprender, no cometer los mismos errores.

Necesitamos cambiar nuestro autoconcepto y dejar de colocar nuestro valor en los *likes* que nos otorgan los demás, saber que lo que hemos logrado tiene mucho valor porque nos pone enfrente a la mujer que es capaz de hacer lo que hacemos, pero el acto en sí no tiene ningún valor sino la persona que está detrás del acto. Reconocernos y amarnos más de fondo, abrazando la memoria de la niña que se sintió así, pero que hoy podemos poner en dimensión y entender con la adulta poderosa que esa niña en realidad jamás tuvo nada mal.

Las experiencias de tu infancia son circunstancias que te han llevado a demostrarte todo de lo que eres capaz. Esas situaciones tan vulnerables te despertaron el hambre y la voluntad para construir una realidad muy distinta, pero quiero pedirte que cuestionemos dónde encontramos el valor de una persona.

Si estamos buscando el valor de una persona en su casa, su físico, su éxito, su dinero, entonces estamos colocando el valor en aspectos muy cambiantes y efímeros de las personas. En este mundo tan material y físico, pensamos que debemos tratar con más respeto a una persona que se baja de un Mercedes Benz a una que se baja de un coche viejo, pensamos que vale más si está bien vestido que mal vestido, interpretamos el valor en su físico, vale más si es rubia a que si es morena. Sin duda todos nos hemos comprado estas confusiones promovidas por intereses y manipulaciones sociales, pero en realidad eso no habla del valor de nadie. Eso solo habla de los gustos y las necesidades de las personas, no de su valor.

Me viene a la mente un ejemplo del valor de las personas con este momento que te comparto. Cleto es un señor mayor que trabaja en mi casa y conoce y quiere a mis hijos. La otra mañana mi hijo Bruno —que ahora vive en

París— y yo estábamos haciendo un facetime, entonces le puse al señor Cleto a Bruno en la pantalla. Cuando Cleto lo vio sonrió y soltó una lágrima, lo saludó con mucho gusto y cariño. Me conmovió tanto ver el cariño del señor Cleto en esa llamada, me sentí muy afortunada de tener personas tan valiosas trabajando conmigo. Ese señor es muy valioso y no tiene nada de lo que este mundo material reconocería como de valor.

Hemos sido manipulados y confundidos para encontrar el valor de quienes somos en ese mundo tan consumista y material. No sabemos mirar dónde está el valor porque casi siempre está oculto y de fondo, en los lugares no visibles y poco accesibles con ojos materiales y llenos de ego. El ego no tiene la capacidad de ver lo esencial, el ego solo ve lo material. Para reconocer nuestro valor debemos quitarnos una capa de ego y permitirnos de verdad tocar la vulnerabilidad como un poder y no como una debilidad.

Con los ojos que nos otorga un momento de vulnerabilidad podemos mirar lo esencial y el valor de todo. A veces las personas que tienen menos ego, menos dinero, menos físico y menos intelecto tienen más ligereza para apreciar el verdadero valor de las cosas.

No estoy diciendo que todas las personas en esas condiciones son más valiosas sí o sí, el ego puede ser enorme también dentro de una persona que creció sintiendo injusta la vida por no tener todo eso y su vergüenza lo hace sentir menos. Lo deseable es ser rubio, exitoso, delgado, traer marcas, auto de lujo. Qué interesante que todo lo que nos manipulan para ganar valor se compre cuando lo verdadero no se puede comprar nunca.

Si seguimos afianzando nuestro valor en todo lo que podemos comprar y hacer, estaremos siempre en una frágil seguridad. Siempre hay una bolsa mejor, una computadora mejor, una marca mejor, una persona más guapa, etcétera. Es una carrera hecha para que nunca se acabe ni saciemos nuestra necesidad de ser mejores. Siempre hay algo más para ser valiosos y es una experiencia a la que nunca llegas de fondo.

Entonces trabajemos un autoconcepto desde un lugar más real.

Ejercicio

Descríbete. Haz una definición de quién eres desde los valores que ves en ti y lo que sientes que es más honesto y profundo de ti misma.

Ejemplo:

Soy una mujer sensible, sé pensar en los demás, me conmueve la nobleza, la generosidad, las personas que se atreven me encantan. Soy valiente, generosa, me encanta compartir, respeto mucho la confianza de las personas, me encanta reír y compartir momentos de conexión, me conmueve la belleza, los animales, la naturaleza. Disfruto la creatividad, la música, el afecto, el conocimiento, las personas curiosas y con ganas de vivir. Amo aprender, reconocer cuando me equivoco, comunicar es una pasión en mi vida, respeto el dolor de las personas y amo cuando muestran su vulnerabilidad, esto me hace amarlas más.

Podría describir también mi sombra, decirte todo lo que también soy y que es carente y doloroso de mi ego, pero hoy lo conozco muy bien y lo acepto. Lo más importante para mí está en abrazar a la mujer que soy con todos estos valores que no tienen nada que ver con mis libros, mi casa, mis cosas. Todo eso es lo que valgo, aunque me quede desnuda.

Tengo ese valor y vuelvo a decirlo: eso no descarta mi sombra, pero en mi sombra también está mi valor. Hoy entiendo que todo lo que soy en ese lado B cumple o cumplió una función y no me hace menos valiosa. Solo debo aceptar que está dentro de mí y que quiero estar atenta a esa parte para que no me lastime o lastime a las personas con las que interactúo.

Nuestra sombra o zonas dolidas son parte de una historia y tienen un sentido, no tenemos que dejar de tenerlas o negarlas. Muchas veces pensamos que el crecimiento personal consiste en dejar de ser o tener esa sombra, cuando en realidad jamás dejamos de serlo. No se va, solo deja de estar en la sombra porque ya la ves o miras una parte importante. Por eso el autoconocimiento es importante, el aceptar y amar lo que somos desde todos sus ángulos.

Lee la descripción de ti y atrévete a observar los valores que habitan dentro de ti. Mirar tus valores te ayudará a reconocer y apreciar con más fuerza los valores de los demás y dejar de pensar y amar a personas que solo muestren un rostro bonito sin conocer de fondo lo que son. Todos tenemos una sombra muy dolorosa, es muy sospechoso que tengas tantos años con una persona y no veas esas partes dolidas.

Todos tenemos derecho a ser amados y aceptados con todo lo que somos. De pronto pensamos que el amor y la aceptación solo está si muestras una bonita cara a las personas, porque nadie quiere ver tu lado feo. Tampoco digo que hay que ir por la vida restregando ese lado a las personas, pero cuando sale y lastimas puedes hacerte responsable de ese lado, pedir disculpas y aprender.

Eso no debería de poner en juego el amor de alguien. Hay que poner límites claros, pero no dejar de amar a alguien que te lastimó con su sombra. Claro que si es crónico tienes todo el derecho de cuestionártelo y preguntarte si puedes con eso, sobre todo cuando la persona no está dispuesta a hacer nada para cambiarlo.

Poner tu valor en lugares tan poco reales como tu físico, tu economía o tus logros, es tener una mirada muy infantil y superficial del verdadero valor. Seamos capaces de conocernos en su justa dimensión y darnos la oportunidad de estar equivocadas y cometer errores. Eso no nos quita el valor, no somos menos valiosas si no tenemos la talla que creemos que debemos tener, si no podemos ser asertivas y decir que no queremos o no podemos hacer algo, son decisiones y maneras en las que hoy puedes estar en la vida.

Te invito a mirarte con profundo respeto y reconocimiento, sabiendo que mereces respetar tus limitaciones y abrazar todas las veces que te equivocas. Si hay alguien que te respalde siempre ante las situaciones difíciles, y si ese alguien eres tú, todo estará bien porque siempre aprenderás algo nuevo y podrás crecer ante cualquier circunstancia.

El amor hacia nosotras mismas es fundamental para tener una vida en amor. Cuando nos conocemos y nos respetamos enseñamos eso mismo a las personas con las que compartimos. Si estás enferma no puedes pasar sobre ti, porque les estás enseñando a tus hijos y a tu pareja lo que mereces. Si tienes un momento de vulnerabilidad y haces como si no pasara nada, eso les estás enseñando a las personas a tu alrededor.

Por eso después creen que no necesitamos nada, porque esa forma de ignorarlo empieza con nosotras mismas. Muestra respeto, dignidad, merecimiento y trato respetuoso en todos los aspectos y verás que eso es lo que recibes de las personas, y cuando no sea así no lo vas a permitir porque no es algo conocido ni permitido en la relación contigo misma. Pero si tú pasas siempre sobre ti, no esperes que los demás no lo hagan, eso es casi una invitación para que los demás hagan lo mismo.

La relación contigo se construye y se nutre todos los días: cuando pones límites a los demás y te pones límites a ti misma para no atropellarte, cuando haces lo que te hace sentir bien y nutres tus días con actividades que disfrutas para que no todo sea carga. Descargamos cuando recibimos, disfrutamos, somos cuidadas y apoyadas. Siempre estaremos cargadas de cosas por nuestra naturaleza, pero necesitamos equilibrar con momentos de descarga. Puedes descargar en tu terapia, en tu ejercicio, en tu clase de yoga, cuando meditas, cuando tienes espacios de silencio, con tus amigas, en todos esos espacios personales que te hacen sentir sostenida y divertida.

Si toda nuestra vida se convierte en carga, estamos enfermas todo el tiempo, enojadas, a la defensiva, corriendo, desconectadas, generando agresión e intolerancia con lo que está a nuestro alrededor. Entonces, ¿cuáles son los espacios de descarga que tienes? Esos espacios no son opcionales, deben ser respetados.

Lo veo mucho en los grupos de sanación. Las personas entran a estos espacios que duran varios meses, pero siempre hay algún pretexto para no conectarse y tomarse su espacio para nutrirse y crecer. Solo funciona cuando te pones límites y entiendes que no es un lujo sino una actividad de canasta básica.

La carga puede ser mucha porque en muchos casos eres la que saca adelante a tus hijos o tienes proyectos que requieren una buena parte de tu energía. No se trata de no cargar o hacerte responsable de hacer y crecer, podemos seguir siendo exitosas y fuertes, eso ya somos y se queda con nosotras. Se trata de que tu descarga sea poderosa y estés en un mejor equilibrio con todo lo que terminas resolviendo.

¿Te has dado cuenta de qué te hace sentir ligera o liberada? Esas son tus actividades de descarga. Por ejemplo, si al leer este libro experimentas paz, consciencia, liberación, leer es una actividad de descarga para ti y debes integrarlo a tu vida sí o sí.

Las cosas que te apoyan son fundamentales para que todo camine bien, las etapas en las que nos sobrecargamos nos suben de peso, nos ponen a la defensiva, nos alejan de los que amamos, nos ponen en la *activitis* y volvemos al patrón destructivo de la Doña Huevotes que no se mira y soporta la carga cruel porque no hay de otra.

Los cambios nacen del amor por ti, nadie va a respetar tus espacios nutricios si no te amas, si para ti todo es más importante que tú. Entonces no hay forma de estar mejor, leerás este libro y será peor porque sabrás lo que te hace sentir mal, pero no tienes ninguna voluntad para cambiar tu manera acelerada de estar en la vida. Te invito a que te regales un proceso de terapia o un proceso en mis grupos de crecimiento, estos espacios te ayudan a conocerte y a empezar a mirarte con nuevos ojos y que alcance para más en el proceso a la hora de ponerle límites a la Doña Huevos que querrá sobrevivir a toda costa.

No la vamos a eliminar, le vamos a poner un horario y contexto para que sepa que no es la dueña de tu vida, que tienes otras partes que también necesitan espacio y que son muy importantes. Esas partes son: merezco recibir, soy importante, puedo no hacer, no es mi responsabilidad, no quiero, recibo y puedo vivir sin tantas cargas.

Ejercicio

Escribe todas las cosas, actividades o personas que te dan apoyo, te hacen sentir ligera, son positivas y te ayudan a descargar.

Escríbelo en estas áreas:

- Físicamente
  Ejemplo: mi casa es preciosa, caminar, nadar, los olores ricos, arreglarme, mi ropa, las flores, un masaje, ir al doctor, tomar agua, el señor Cleto, tomar té, tomar miel, una copita de vino, mi cama, mis sábanas, mi pijama que amo, abrazar al saludar, el orden y la limpieza, respirar profundo.

- Emocionalmente
  Ejemplo: mi familia, mis hijos, mi pareja, mi trabajo, ir a terapia, hablar de lo que siento, darme espacio para sentir, aceptar lo que siento, señora Ángela, mi mascota, dibujar, un baño de tina, masajes, bailar, escuchar música en vivo, mis amigas, cantar, el agua, la naturaleza.

- Mentalmente
  Ejemplo: ver series que me gustan, leer, ir al salón de belleza, escribir, tomar un curso, aprender cosas nuevas, filosofar con las personas, escuchar pódcast, hablar con una amiga, darme un tiempo para la reflexión y el silencio, escuchar otros puntos de vista.

- Espiritualmente
  Ejemplo: hacer el amor, meditar, viajar, ir a la naturaleza, prender un fuego, tener imágenes simbólicas, cantar mantras, tocar mis cuencos, escuchar o leer de metafísica, el silencio, estar sola, agradecer, confiar en la vida, ver la perfección y matemática en todo, etcétera.

Estos son algunos ejemplos personales de mis áreas de apoyo. Escribe en cada uno de los rubros tus propios apoyos. Sin duda hay algunos que son apoyos físicos, emocionales, mentales y espirituales, estos dan a todas las áreas pero los puedes acomodar como sientas que apoyan más. Hay que reconocer con mucha claridad los apoyos medicina, esos son los que casi cubren todas las áreas, por ejemplo, cuando voy a ver a mis hermanos y pasamos juntos unas vacaciones o un fin de semana, termino cargada de amor, de risas, de contacto físico, de arreglar el mundo con nuestras pláticas. Soy muy afortunada de tenerlos y en realidad son personas medicina en mi vida porque cada vez que los veo curan partes de mí.

¿Cuáles son tus actividades o personas medicina? Por ejemplo, mi trabajo es otra de esas actividades que repara en todos los planos: físico, emocional, mental y espiritual. Hacerlo es muy importante para mí porque verticaliza y nutre mi vida en muchos sentidos.

Las actividades o personas medicina son muy importantes en tu vida, hay que darles un espacio para nutrir esa relación y valorar. No demos por hecho ninguna persona, cosa o actividad que nos da apoyo. Por ejemplo, mi casa ha sido un hogar que he creado desde mi alma, desde mi yo profundo. Todos los lugares que había habitado antes habían sido con una pareja y juntos construíamos el espacio, pero en mi casa actual todo es elegido y creado por mí. Es un apoyo superlindo en muchos sentidos, mi casa también es un espacio medicina. Si yo no tuviera claro lo importante que es para mí, en mi prisa no lo disfrutaría o podría dejar esta casa e ir a lo que sigue en este correr y no quedarme a disfrutar y agradecer lo que tengo.

Aprender a valorar lo que hoy aporta a nuestra vida y nos apoya para sacar adelante las cargas de la vida es fundamental. A veces estamos tan atrapadas en la carencia y la sobrevivencia que no damos espacio para sabernos apoyadas y sostenidas en muchos sentidos y por distintas personas.

Te invito a agradecer todo eso que escribes en tu lista de apoyos. Léelos en voz alta y observa cómo se siente tener todo eso que has construido, cómo se siente saber que no estás sola y que hay muchas áreas en tu vida que te están apoyando para resolver y sacar adelante cosas de tu vida. Pon tu mano en el pecho y quédate unos segundos sintiendo eso que sientes, solo obsérvalo, permítelo y ve al cuerpo, escucha los latidos de tu corazón y las emociones presentes al poner frente a ti tus apoyos y saber que no estás tan sola como pensabas.

Cuando crecimos en la carencia, de pronto valorar la abundancia es algo muy complicado. No crecimos integrando el concepto de la abundancia y cuando vivimos desde la niña herida, la carencia y el hambre siguen siendo el principio clave de nuestra vida, por eso nos quedamos atrapadas en la ilusión de la carencia cuando existe la abundancia en todos los sentidos y estamos llenas de recursos y apoyos.

Salir de la posición de carencia requiere que te des cuenta de todo lo que tienes y recibes con consciencia en tu vida, que reconozcas en el aquí y el ahora cuándo puedes disfrutarlo y cuando está frente a ti. Las personas son muy importantes, no debemos dar por hecho todo lo que recibimos de ellas, porque si podemos registrarlo y reconocerlo será parte de nuestra curación, porque nos sabremos amadas y sostenidas por personas que nos aman y que siempre han estado ahí. Tu familia, tus trabajadores, tu mascota, en fin, tantas cosas que de pronto damos por hecho y que hacen la enorme diferencia en nuestra vida.

Eso es autoestima y amor propio: la capacidad de reconocer con más justicia lo que eres y todo lo que has construido para que puedas enterarte de que estás lista para bajar las defensas y caminar con menos miedo por la vida, para sentir la vida y darte nuevos permisos a la abundancia, el amor y una vida con mayor merecimiento.

DIEZ

Mapa de mí

He hablado mucho en todo lo que hago de aprender a convertirnos en nuestro propio mapa, y quisiera aprovechar esta oportunidad para desarrollar de manera profunda lo que significa y cómo podríamos ser mejores mapas.

Para empezar, mucho del dolor que vivimos cuando éramos niñas tuvo que ver con la incapacidad y la carencia de nuestros padres para proporcionarnos seguridad, vínculo, protección y límites. En realidad, ellos eran personas con muchas carencias y dolores, y sin duda hicieron lo mejor que pudieron con lo que tenían. Eso es algo que vas entendiendo cuando pones una mirada más adulta a la realidad: tus padres no te dieron lo que no tenían ni para ellos mismos. Podemos entender los lugares desde donde se comportaron así y cómo ellos tampoco tuvieron todo ese amor cuando eran niños.

Parte de expresarnos en la vida como adultos es soltar el enojo con los padres y las facturas de tu pasado llenas de todo lo que quisimos que fueran y no son. En realidad son reclamos del niño egocéntrico que habita en nosotros y que necesita ser escuchado y validado, pero hoy eso se sana bajo un esquema terapéutico. No se trata de aventarle a tus padres todo lo que no hicieron y te dolió en la infancia, hacer eso no sana, solo lastima más las relaciones.

Todos tenemos hoy la responsabilidad de dejar de reproducir la negligencia, abandono, rechazo, autoexigencia y todos estos comportamientos que tuvieron tus padres y que hoy haces contigo todo el tiempo. Seguimos sintiéndonos abandonados a los cuarenta años porque eso es lo que haces contigo cuando no te alimentas, te exiges, te malpasas y desvalorizas todo lo que eres y mereces.

Ya no se trata para nada de los padres de la infancia, se trata de un comportamiento que tienes hoy contigo y que necesitas transformar para que cambie tu vida. Lo aprendiste en la infancia, pero lo has hecho tu manera de estar en la vida y te has comprado esa visión de ti mismo. Si sigues siendo un niño herido es que en el fondo no te has comprometido con sanar tu pasado ni con dejar de ser esos padres contigo mismo.

Sanar el pasado es un proceso que se va integrando en el camino de la vida, despertamos aspectos de nuestro dolor en distintas etapas y situaciones. Por ejemplo, cuando somos padres se despiertan partes heridas o cuando tenemos experiencias de cambios, crisis, pérdidas. En realidad el pasado no es un lugar que se visita una sola vez en un retiro o ciclo de terapia, el pasado es un lugar fértil donde encontramos respuestas a muchas cosas que nos duelen a lo largo de la vida y que solo a través de aceptar que se tiene un niño herido que merece ser escuchado en cada una de esas situaciones, entonces podremos en verdad dejar de ser controlados por la infancia.

Tenemos un rechazo y negación de la niña que habita en nosotras, queremos pensar que somos muy chingonas y que el pasado ya se fue, pero no es así del todo. Sí somos fuertes y poderosas, sin duda, pero por momentos no lo somos, por momentos somos frágiles, indecisas, necesitamos apoyos, somos viscerales, impulsivas, de pronto nos duele la vida y nos volvemos a sentir con miedo.

Siempre tendremos la voz de la vulnerabilidad de esa niña que habita en nosotras. Cuando validemos que esto es así dejaremos de pensar que algo está mal si te sientes nuevamente abierta en tu dolor. No hay nada mal en nosotras cuando el dolor se activa, lo que hay es una oportunidad de sanar otro pedazo de nuestra historia que se está activando con un nuevo personaje de tu presente.

Esa es la oportunidad que ofrece ser mapas de nosotras mismas: que dejemos de pensar que la niña interior se quedó en el taller o proceso que tomamos y que podamos entender que el niño interior es una condición que siempre estará dentro de nosotras y siempre tendremos la oportunidad de integrar un poco más todo lo que está en nuestro inconsciente.

Queremos dejar atrás todo eso que tanto nos lastimó y nos hizo sentir avergonzadas, pero eso es justo lo que hace que se perpetúe el pasado. Nuestra necesidad de huir y rechazar lo vivido nos hace esclavas de ese pasado y nos lleva a cargarlo todo el tiempo. Hay que validar la propia historia y sacarla de las cavernas del olvido, sobre todo cuando esa historia está buscando ser reparada con personas de tu presente.

Cuando estás sintiendo dolor y conflicto fuera de dimensión, estás ansiosa, rebasada, impulsiva, compulsiva, no puedes dormir y estás a la defensiva, podrían ser comportamientos que hablan justo de que se está activando un viejo dolor que puedes reparar. La gran perfección de la vida es que lo que debemos o estamos listos para sanar se activa con personas y situaciones en el presente. No hay que ir por basura al pasado, hay que observar el presente y hacer un trabajo de introspección para saber cuál es el capítulo de mi pasado que se está activando en este momento y con esta persona.

La mayoría de las personas están estancadas en círculos de dolor que se repiten una y otra vez, están tocando el abandono y la traición, por ejemplo, y jamás se reparan porque ese dolor se apodera de la persona y actúa en su vida tomando el control. No hay poder adulto dentro de esa persona que le ayude a regresar al aquí y ahora para actualizar la experiencia e integrar la situación que se despertó.

Ser tu mapa te ayuda a acompañar cada una de estas situaciones de la vida y te da el derecho de integrar tu mundo vulnerable del que ya hemos hablado. Ser nuestro mapa nos hace acompañarnos a nosotros mismos y validar lo que sucede en los terrenos de la vulnerabilidad, el gozo, el dolor, la espontaneidad, la capacidad de asombro, el amor, la ternura. Los terrenos del niño son la mejor parte de nosotros porque son la expresión de lo auténtico que somos.

El niño verdadero se expresa en nuestra vida en la medida que vamos sanado al niño herido, en la medida que dejamos de juzgarnos y de reprimir lo que sentimos, permitiendo que pueda ser expresado con adultez y responsabilidad. Cuando tenemos mapa entonces podemos contener y abrazar lo que sentimos sin que nos lastime ni lastime a nadie. Es como sentirte por fin acompañado y protegido por alguien.

¿Cuáles son las necesidades que tus padres jamás llenaron?

Casi siempre tienen que ver con vinculación, protección, reconocimiento, afecto, estabilidad, respeto, libertad, límites. Todas esas son áreas de oportunidad para abrazarnos y sostenernos en ese sentido. Ser tu mapa es aprender a darte la oportunidad y el derecho de tener la madre y el padre que tanto deseaste o también construir y elegir personas que puedan darte ese amor y protección que no solo tienes que darte tú, sino ir a la abundante vida y traer los mejores alimentos para tu niña.

Ella ya no tiene que conformarse con las migajas, con lo podrido y que nadie quiere, ella puede tener acceso a lo mejor, y no me refiero a lo material —aunque tampoco estamos peleadas con que puedas tenerlo—, me refiero sobre todo a la calidad de tus vínculos y realidades.

¿Qué clase de vínculo establecen las personas que están a tu alrededor? ¿Quiénes son las personas medicina en tu vida? ¿Existen? Sanamos en relación. Si hoy cuentas con personas que te cuidan, te escuchan, te aceptan tal cual eres, te respetan, te admiran y te acompañan, felicidades, eres un buen mapa de ti misma.

Hay una oportunidad en cada momento de regalarte esa infancia feliz que tanto esperaste; cuando te das la oportunidad hoy de ser sostenida y amada por personas con las que compartes la vida, entonces te estás regalando la infancia feliz que tanto quisiste y necesitaste. Hay una parte de nosotras que sonríe profundamente ante los cuidados y el amor de las personas en el aquí y el ahora.

No se trata solo de aprender a darnos a nosotras mismas, eso de alguna manera lo sabemos hacer, hoy se trata de aprender a recibir, aprender a pedir y saberte merecedora de hacerlo. Pedir no te hace débil ni incapaz, pedir te fortalece, te da la oportunidad de sentirte apoyada, que es un bálsamo para la niña interior y para la adulta.

Lograr que las personas que están en tu vida respeten y valoren lo que eres y no den por hecho ninguno de tus esfuerzos parte de tu propia valoración. Si lo sientes en el fondo lo transmites, no es impuesto ni actuado, es una realidad que generas y construyes en todas las relaciones: respeto, protección, amor, dignidad y lealtad. Esto te lleva a decir: «Gracias Doña Huevotes por haberme cuidado todos estos años, ahora déjame cuidarte a ti».

Ser tu mapa es:

- Validar lo que sientes
- Descargarlo con responsabilidad
- Aprender de lo que sientes
- Respetar tus limitaciones
- Decir «No» sin culpas
- Habitar tu cuerpo con aceptación y cuidado
- Saber que mereces una vida cada vez más plena
- La Doña Huevos es niña herida cuando no tiene mapa
- Saber que en tu vulnerabilidad está tu fuerza
- Disfrutar cada día más, ser más ligera y libre
- Que los límites contigo son una forma de protección y amor
- Puedes estar equivocada y eso no te hace ser un error
- Tener derecho a ir despacio y disfrutar
- Recibir y pedir te hacen fuerte

ONCE

Mujer Ovario

Me siento muy feliz y satisfecha de todo el camino que hemos recorrido juntas hasta llegar a este capítulo final. Creo que todos los apartados de este viaje han sido profundos y llenos de verdad y sobre todo con partes que reparar y conocer de ti misma. Gracias por quedarte hasta este último capítulo de la lectura y vivir todo lo que ha significado el paso por cada apartado. Estoy convencida de que ha sido valioso y profundo para ti.

Quisiera cerrar este libro hablando de la Mujer Ovario y de todo lo que sería para las mujeres hoy convertirnos día a día en la Mujer Ovario, así que descubramos juntas cómo nutrir a esta mujer más justa y plena, y sobre todo entender lo que significaría para nosotras y para las personas que nos rodean expresarnos en la vida desde este lugar amoroso.

Quisiera empezar entendiendo lo que ha pasado con nosotras, las mujeres, en las últimas décadas y hacer una reflexión juntas de cómo salir de esas posiciones, desde el mercado de la imagen, las operaciones, la necesidad de ser perfectas, pasando por nuestra hambre de hombre y la masculinización femenina y tantas cosas que necesitamos entender como mujeres para hacer un cambio de fondo.

En el capítulo anterior hablábamos de que vivimos en un sistema que nos ha manipulado para que compremos el valor en muchos aspectos materiales que cuestan y que nos mantienen adictos a consumir e ir por más y más, porque siempre crean una nueva falsa necesidad en nosotros y somos dependientes de todo eso que el mercado nos vende como la felicidad.

Platón en el mito de la caverna hablaba de los dueños de la caverna como aquellos seres que manipulan a todos los que vivimos dentro de la caverna, que es el mundo, y crean en nosotros una necesidad de valor a través de todo lo que nos venden. Una bolsa de doscientos mil pesos crea una experiencia de poder y realización que no puedes tener en otros aspectos de tu vida. Entrar a la tienda, elegirla y pagarla es una experiencia de felicidad que para muchas personas no tiene comparación.

Todas esas experiencias son símbolos de la carencia que vivimos en la vida, necesitamos que una bolsa nos dé esa experiencia porque no sabemos construirla y encontrarla en donde realmente está. Podemos encontrarla en el amor, las relaciones, el vencimiento de nuestro límite, cuando te vences a ti, cuando te atreves a amar, en fin, en todas esas experiencias que se quedan contigo y no se van ni son tan efímeras como una bolsa. Buscamos en las cosas todas esas realidades de carácter interior que no sabemos sentir y experimentar porque estamos desconectados y saturados de consumismo.

Pongo la bolsa como ejemplo, pero podría ser hasta un café de Starbucks para muchas personas o mil cosas más, esas cosas no son simplemente cosas, son símbolos de nuestra hambre, que no sabemos cómo obtener en el mundo real y que necesitamos comprar en un café, bolsa o cualquier otro objeto o experiencia.

Los creadores de la mercadotecnia conocen y crean las hambres con las que vivimos, o saben perfecto de nuestras carencias, así que en vez de hacer productos crean experiencias que te dan la ilusión de tener eso que tanto te hace falta. Sin embargo, si llenamos esa hambre con comida chatarra jamás nos sentiremos satisfechos y siempre necesitaremos lo que sigue para volver a sentir que ahora sí estamos plenos.

Lo que en verdad importa a los dueños de la caverna es mantenernos consumiendo y adictos a lo que la caverna produce. En realidad el mundo de nuestra era no está preocupado por generar consciencia ni generar seres felices, lo único que importa es mantenernos con hambre, consumiendo productos fantasma que nos dan la ilusión de estar completos, tener valor y poder cuando en el fondo es una ilusión. Una vez que se pasa el efecto volvemos a la insatisfacción y el vacío.

Esa manipulación tiene un efecto muy profundo en las mujeres, ya que hemos pasado por etapas de cambio y vulnerabilidad donde hemos vivido mucho dolor, mucho sometimiento y violencia. En este proceso de reencontrarnos y saber lo que somos y lo que no: que no somos el objeto de nadie, ni las mujeres enojadas y resentidas, ni las hijas de Eva y el pecado, ni las niñas dependientes y necesitadas. En este proceso de búsqueda y sanación hemos sido presa fácil de todo el mercado de la imagen, expertos en hambre capaces de vendernos el paraíso perdido con un vestido nuevo.

La mayoría de las mujeres se creyeron que debían ser mujeres de 10. Una mujer de 10 es delgada, guapa, inteligente, independiente, con auto del año, casa propia, obvio pareja, porque las mujeres con éxito no andan solas, con hijos, claro, porque para eso nacimos. De alguna manera el dolor de nuestras madres y el hambre de la época nos mete en ese consumismo y nos impone esos estereotipos, cuando en el fondo ni los quieres ni los necesitas.

Este proceso de sanarnos y reencontrarnos es muy claro: las mujeres somos las mayores lectoras de libros de desarrollo personal, llenamos los cursos y retiros de autoestima, hay un gran movimiento y una necesidad muy fuerte de sanarnos y reencontrarnos. Lo estamos haciendo bien, no es nada fácil sanar décadas de dolor y desconexión, pero en realidad lo estamos haciendo lo mejor que podemos.

Necesitamos tener más liderazgo e inspirar a otras, confiar en que todas tenemos algo que aportar a la otra, cuidarnos y dejar de competir. Una mujer nunca es nuestra rival, es nuestra aliada. Nos urge cancelar la posición de competencia nacida de nuestra falta de autoestima y consciencia. Las mujeres por naturaleza somos aliadas, socias, cómplices y somos el apoyo la una de la otra. Es un profundo error pensar que somos rivales y competir entre nosotras por los hombres o el reconocimiento de ellos.

Es una pena porque es totalmente en contra de nuestra naturaleza, somos aliadas y nos sana unir, no separar. Dejemos de comprar esos modelos que no son propios, abracemos con dignidad y amor nuestra feminidad que es la fuerza de sanación, conexión con lo humano, la tierra, la vida, la espiritualidad. Todo lo profundo y vulnerable de donde nace la vida se nutre de lo verdadero, se crean los lazos y se restituye lo humano.

La naturaleza femenina está en todos, en el arte, la belleza, la claridad y la vulnerabilidad de la que hemos hablado. Eso es nuestra naturaleza femenina, pero no la podemos expresar si nos masculinizamos y nos infantilizamos. La dependencia económica nos infantiliza y la única forma de ser realmente libres es ser autosuficientes económica y emocionalmente.

Hombres y mujeres estamos en los extremos disfuncionales de nuestro género. Nosotras, como las mujeres

Doña Huevotes o las dependientes infantilizadas, y los hombres como Don Huevotes egocéntricos que buscan mujeres que giren en torno a ellos o como hombres pasivos y dependientes de las mujeres. Esto habla del proceso de cambio que vivimos. Espero que pronto entendamos que la solución no está en los extremos y logremos encontrar nuestro equilibrio. El punto intermedio es un lugar difícil de encontrar, pienso en el Dharma como un sendero de equilibrio o no polaridad. Es una vía donde no hay excesos y sigues un sendero de prudencia y equilibrio.

El elemento más importante que tenemos las mujeres para llegar a nuestra naturaleza es el cuerpo y las emociones. Toda nuestra fuerza y sabiduría consiste en reconectar el cuerpo y tomar su sabiduría. Las mujeres somos intuitivas y sanamos por naturaleza justo por la cercanía que tenemos a la energía femenina, que está muy relacionada con la espiritualidad y los aspectos humanos y esenciales de la vida.

No quiere decir que solo las mujeres podamos conectar con esos aspectos, pero sin duda nos es más propio cuando la canalización de nuestra energía femenina es poderosa. La razón, la individualidad, la competencia, el territorio y la ciencia son terrenos de la masculinidad y son los valores que han regido la vida las últimas décadas. Lo que le falta a este mundo es reconectar con la madre y equilibrar los polos femenino y masculino. Es como la Doña Huevos, le falta más feminidad y vulnerabilidad, así a la humanidad en general, nos falta recuperar la humanidad perdida.

Cuando las mujeres nos aliamos a lo masculino para adaptarnos a la productividad y a este mundo tan material, perdemos fuerza si no sabemos integrar lo femenino en nuestras tareas productivas. Por ejemplo, si yo soy una empresaria podría integrar mi energía femenina siendo empática, generando unión de equipo y sabiendo la importancia de la gente. Desde la energía femenina las personas son importantes y no son máquinas ni objetos para ser explotados, cosa que el patriarcado no ha puesto en práctica. Hoy se utiliza a las personas y cuando no sirven se desechan.

Eso jamás pasaría cuando hay energía femenina y masculina en equilibrio, porque entenderías que la meta es importante pero las personas también. La meta es más de naturaleza masculina, pero las personas son más de naturaleza femenina, y ambas son complementos perfectos para el equilibrio.

Creo que necesitamos entender que es imperativo que recuperemos el contacto con nuestro cuerpo y podamos plantarnos más en la vida sin estar tan condicionadas por todo eso que nos han vendido que nos da valor como mujeres.

Estamos tan preocupadas por estar delgadas y cumplir tantas expectativas que no nos damos espacio para sentir lo que necesitamos y así pararnos en nuestra vida más satisfechas y conectadas con nosotras mismas. Si logramos reconectar con nuestro cuerpo y nuestras emociones estaremos mucho más equilibradas para tener, por un lado, la capacidad plasmadora de lo masculino, la estrategia, la inteligencia y la estructura, y por el otro lado el corazón, la intuición y la fuerza de lo femenino.

Desde mi punto de vista es más fácil que desde el apoyo y la fuerza masculinas conquistes tu parte femenina, porque desde tu parte Doña Huevos estás mejor plantada en la vida y eso es un apoyo para conectar con tu vulnerabilidad, que es un gran equilibrio hoy para ti.

Cuando eres una mujer dependiente, infantilizada, jamás has estado sola y no tienes libertad financiera, conquistar la parte masculina es un reto más grande, porque esta feminidad tan pasiva y dependiente te deja sola y con pocos recursos para acompañarte y apoyarte a ti misma. Ese es el problema de las mujeres codependientes: renuncian a su fuerza y sueltan su responsabilidad para ser cuidadas, pero un día deben cuidarse ellas mismas y eso es más complicado.

Nada es imposible y al final todo regreso al equilibrio cuesta, pero es más fácil que desde la fuerza vayas a la vulnerabilidad que desde la vulnerabilidad vayas a la fuerza, justo porque para hacer el cambio necesitas apoyos y eso le cuesta a la mujer codependiente.

Te propongo nutrir un modelo de nueva mujer, la Mujer Ovario. Ella no está en los extremos y busca expresarse con un mayor equilibrio.

Los principios de la Mujer Ovario

- Mentalmente fuerte pero basada en su intuición
- Ama la colectividad, pero sabe estar consigo misma
- Es estratega y cumple sus objetivos, pero nunca a costa de nadie
- Sabe comunicar lo que necesita
- Aprovecha sus ciclos, hay sabiduría en ellos
- Se conoce y respeta su naturaleza
- Es madre de sí misma antes que todo
- Tiene una vida con sentido
- Tiene la libertad de ser quien es, se aprueba y sabe que es valiosa
- Pide ayuda, sabe que jamás está sola
- Su presencia sana, es una mujer plantada en sí misma

La Mujer Ovario se regula mejor, es adulta y se acompaña a sí misma, se conoce y entiende su naturaleza y aprovecha el contacto con sus ciclos. Es una mujer que ama serlo, disfruta de sí misma y sabe que no importa su físico, su peso o su talla, es valiosa y se cuida para estar saludable y tener la vida que merece.

Seamos Mujeres Ovario en vez de mujeres Doña Huevotes. La Doña Huevos es un macho con falda y la Mujer Ovario ya no está en los extremos, es mujer integrada en sus polos y sirve a su vida y a su causa. Es una referencia para muchas mujeres, niñas y jóvenes que pueden ver en ella un modelo inspirador de una mujer nueva. No tiene hambre de reconocimiento, le gusta y a veces lo necesita, pero no es su más alto motor.

La Mujer Ovario sabe que no tiene que ser madre, ni tener pareja, ni ser lo que se espera, es ella misma, elige con libertad lo que quiere ser y produce su vida sin esperar que alguien, mucho menos un hombre o un hijo, produzca la vida que ella merece. Es sutil, ligera, luminosa en su presencia, cariñosa, afectuosa, ama la vida y no pasa desapercibida por ella.

Es consciente del dolor que existe en el alma femenina, por eso tiene un compromiso con no generar más dolor innecesario a otras mujeres, es solidaria y ama estar en manadas de mujeres. Construye tribu y unión entre hermanas para apoyarse e inspirarse unas a las otras, no compite con ellas, las hace fuertes y disfruta que todas florezcan juntas. Sabe que son más fuertes juntas.

La Mujer Ovario es madre, pero no hace de eso su centro y su mundo, casi siempre tiene otras actividades productivas y de desarrollo personal que le apasionan y son partes muy importantes a las que les da espacio en su vida. Una Mujer Ovario sabe que debe estar nutrida y así podrá sentirse mejor consigo misma y tener relaciones más sanas con los demás.

No es perfecta, se equivoca, necesita, tiene situaciones internas que sanar, pero se conoce, ya no está como pájaro sin cabeza por la vida, es consciente de sus dolores y se acompaña con paciencia.

Me parece que las mujeres somos esto en esencia, solo que todos los aspectos que nos hemos comprado nos alejan de esa naturaleza y nos llenan de hambre y muchas necesidades falsas. Creo que debemos cuidarnos, amarnos, apoyarnos, crecer, no lastimarnos las unas a las otras, aprender a tener mejor amor propio cada día y hacer tribu entre nosotras.

Yo me comprometo a cuidar, respetar, no juzgar, apoyar, dignificar, unir, nutrir, disfrutar y vivir mi feminidad con otras mujeres para convertirnos cada vez más y cada día más en Mujeres Ovario.

Gracias, vida, por la oportunidad
de escribir este mi quinto libro.

Anamar Orihuela,
24 de diciembre de 2022.

Agradecimientos

Agradezco a la niña que fui y que habita en mí por la fuerza, valentía, sonrisa y pasión con las que nos conducimos en la vida.

Agradezco a mi padre y a mi madre porque todo lo que hicieron, o no, me ha llevado a una búsqueda que ha expandido luz y sanación.

Agradezco a mis hijos, Bruno e Isabella, por la oportunidad de ser su madre y descubrir una capacidad de ternura y amor.

Gracias a todos los hombres que han estado y están en mi vida, por ustedes hoy me siento más reconciliada con los hombres y con más derecho a su amor.

Gracias Juan Pablo Lanz, por tu ternura, tus flores que jamás me faltan, tus cuidados y protección.

Gracias a mi editorial, Roberto Banchik, David García, César Ramos y Andrea Salcedo por estar en mi vida, por su cariño y lealtad de años, por creer en mí y por la oportunidad de escribir en mi casa Aguilar-Penguin Random House.

«Para viajar lejos no hay mejor nave que un libro».

Emily Dickinson

Gracias por tu lectura de este libro.

En **penguinlibros.club** encontrarás las mejores
recomendaciones de lectura.

Únete a nuestra comunidad y viaja con nosotros.

penguinlibros.club

Penguin
Random House
Grupo Editorial

penguinlibros